커리지

커리지

초판 1쇄 발행 2023년 8월 1일
초판 5쇄 발행 2023년 8월 27일

지은이 최익성
펴낸이 최익성

기획 이유림
책임편집 이유림, 정은아

마케팅 총괄 임동건
마케팅 안보라
경영지원 임정혁, 이순미
펴낸곳 플랜비디자인
디자인 studio forb

출판등록 제2016-000001호
주소 경기도 화성시 첨단산업1로 27 동탄IX타워 A동 3210호
전화 031-8050-0508
팩스 02-2179-8994
이메일 planbdesigncompany@gmail.com

ISBN 979-11-6832-066-6 03320

두려움은 반응이고 용기는 결정이다

커리지

최익성 지음

"평균을 넘는 리더와 플레이어의 27가지 무기"

COURAGE

plan b
DESIGN

두려움은 반응이고 용기는 결정이다

살아가는 일은 늘 두려움의 연속이었다.

어떤 두려움은 작았고, 어떤 두려움은 컸다.
때론 칭얼거리고 싶었고, 때론 도망치고 싶었다.
그때마다 용기를 냈다.

새로운 시도를 할 때도 용기를 내야 했고,
멈춰야 할 때도 용기를 내야 했다.

회사를 떠나기로 작정했을 때
누군가의 실수를 용서해야 했을 때
실패란 돌부리에 걸려 넘어졌을 때

모든 순간에 용기가 필요했다.

어른이 된다고 용기가 생기지 않는다.
용기란 두려움을 느끼지 않는 것이 아니다.

어른의 용기란
두렵지만 해야 할 일을 하고,
가야 할 길을 가는 것이다.

어른이니까, 용기 내는 방법을 배웁니다

첫 줄을 쓰고, 두 번째 줄을 쓰고, 그다음 줄을 쓰고, 그렇게 계속 쓰고 또 쓰다 보면 초고가 나옵니다. 그리고 고치고 또 고치기를 반복하다 보면 책이 됩니다.

아무것도 없는 백지를 받으면 무엇이든 쓸 수 있고, 무엇이든 그릴 수 있을 것 같다는 생각이 듭니다. 제가 그랬습니다. 그런데 정작 백지를 마주하니 아무것도 하지 못하고 딱 멈춰집니다. 첫 점을 찍는 일조차도 용기가 필요합니다.

살아가다 보면, 많은 순간 용기가 필요하다는 것을 우리는 직감으로 압니다. 어려움 앞에서 맞서는 용기도 필요하고, 때론 전진을 멈추는 용기도 필요합니다.

영화 〈머니볼〉을 보면 락커룸에서 선수들이 무엇이 두려운지에 대해 이야기를 나누는 장면이 있습니다. 한 선수는 '공이 나한테 올 때'가 가장 무섭다고 말합니다. 인생을 감당한다는 것은 삶에서 매 순간 반복되는 일에도 용기를 내야 하는 것입니다. 어찌할 도리 없이 날아오는 공을 치는 수밖에 없습니다. 도망칠 수 없는 상황이지요.

어른이 되면 용기가 생기는 건 줄 알았습니다. 그런데 막상 어른이 되고 보니 그렇지 않더라고요. 자주 흔들리고, 가끔 아픕니다. 못 하겠다고 생떼 쓰고 싶지만 어른답지 못해서 그러지 못했습니다. 나이가 든다고 어른이 되는 것이 아니라, 용기를 낼 때 어른이 된다는 걸 알게 되었지만 여전히 용기를 내는 건 두렵습니다. 첫 줄을 쓰는 것처럼 말이죠.

시작하는 방법은 간단합니다. 그만 말하고 행동하면 됩니다. 아무것도 하지 않으면 아무것도 일어나지 않는다는 것을 알기에 용기를 내서 글을 썼습니다. 그리고 이렇게 책이 되었습니다.

이 책은 세 개의 파트로 구성되어 있습니다. 관계에 대한 용기, 결과에 대한 용기, 자신에 대한 용기입니다. 관계에 대한 용기에서는 다른 사람들과 살아갈 때 필요한 용기를 다루고 있습니다. 결과에 대한 용기에서는 일을 대하는 태도와 자세를 용기의 관점에서 해석하고 있습니다. 자신에 대한 용기는 자신을 솔직하게 마주하고, 바로 세우는 것에 대해서 다루고 있습니다. 부록에는 제가 왜 용기에 주목했고, 삶의 결정적 순간에 어떤 용기를 냈는지 정리했습니다. 궁금한 분은 부록을 먼저 읽어봐도 좋습니다.

이 책은 이 시대를 살고 있는 어른과 곧 어른이 될 분을 위해 썼습니다. 누군가에겐 다정한 위로가, 또 누군가에겐 세심한 도움이 되길 바랍니다.

하나, 용어 정리

'리더'와 '플레이어'

들어가기에 앞서 책에 빈번하게 나올 용어부터 설명해 드리겠습니다. 저는 조직의 두 줄기를 '리더'와 '플레이어'로 지칭합니다. '리더'가 경험과 지혜로 팀을 이끄는 사람이라면, '플레이어'는 자신의 최대치 능력을 발휘해 경기를 이끄는 사람입니다.

언어가 주는 힘은 꽤 큽니다. '팀원'이라는 단어는 평범하고 정적인 느낌입니다. 선수라는 뜻의 '플레이어'라는 단어는 목표를 향해 힘껏 뛰는 뉘앙스를 포함합니다. 이 책은 주어진 일을 하는 팀원과 적극적인 태도로 임하는 플레이어를 구분하여 사용합니다.

둘, 구조 설명

나의 주변에 어떤 어른들이 있나요?

당신은 어른입니까?

당신은 언제 가장 용감했습니까?

용기는 어떻게 발현해야 할까요?

당신에게 용기란 무엇입니까?

지금 당신의 용기를 가로막고 있는 건 무엇입니까?

이 책은 이런 질문에서 시작했습니다. 이 질문들은 당신을 향하기도 했지만 나를 향한 질문들이었습니다.

제가 정의하는 어른은 함께하고 싶은 사람, 탁월한 결과를 만드는 사람, 배울 게 많은 사람, 늘 겸손한 사람입니다. 우리가 어른다운지 확인하기 위해서는 다음 세 가지 질문에 'YES'라고 답할 수 있어야 합니다.

중요한 세 가지 질문

나는 함께하고 싶은 어른인가	나는 탁월한 결과를 만들어내는 어른인가?	나는 자신을 잘 아는 어른인가?
Want to be with	Make a result	Know Myself
리더로, 동료로, 선배로, 후배로 함께하기 좋은 사람	명확한 목표를 기반으로 올바른 과정을 통해 옳은 결과를 만들어내는 사람	자신에 대한 올바른 인식을 가진 사람
Y N	Y N	Y N

세 가지 질문에 답하기 위해서는 관계에 대한 용기, 결과에 대한 용기, 자신에 대한 용기를 가져야 합니다. 책도 이 내용을 바탕으로 3부로 구성했습니다.

세 가지 용기

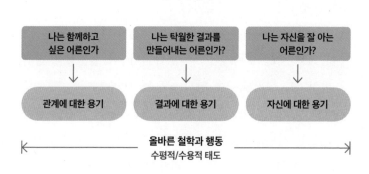

관계에 있어 견고한지, 결과에 있어 탁월한지, 자신에게 당당한지를 확인하기 위해서는 다음과 같이 아홉 가지 질문이 필요합니다.

용기 있는 어른이 된다는 건 쉽지 않습니다. 아홉 가지 질문 중에 하나라도 'NO'라고 체크했다면 이 책을 음미하면서 읽어보시길 바랍니다.

용기를 확인하는 아홉 가지 질문

관계에 대한 용기	결과에 대한 용기	자신에 대한 용기
관계관리: 사람/관계에 대한 영역 **견고하게**	성과관리: 업무/성과에 대한 영역 **탁월하게**	자기관리: 어른의 마인드셋 **당당하게**
다가오기 편한 사람인가?	방향이 명확한가?	나는 누구인가?
다른 사람을 나아지게 하는가?	단호한 원칙이 있는가?	무엇을 이루고자 하는가?
이슈를 직면하는가?	탁월한 결과를 만들어내고 있는가?	늘 자신을 돌아보고 있는가?

* 본 프레임워크에 대한 무단 전재 및 재배포 금지합니다.

차례

1부 관계에 대한 용기

2부 결과에 대한 용기

3부 자신에 대한 용기

1부

관계에 대한 용기

COURAGE

말이란 마치 날이 시퍼렇게 선 칼 같은 것이므로,

자기를 다치게 하는 일이 많다는 것을 잊어서는 안 된다.

탈무드

상대의 의도를 해석하려고 애쓰지 마세요.
상대의 말이 비수가 되는 건 내 해석 때문입니다.

그런 사람이 있습니다. 입에 걸레를 물고 말하는 것 같은 사람, 의도하지 않았다고 하는데 마음을 후벼 파는 사람(자기 말이 얼마나 나쁜지도 모르고 말하는 사람은 더 밉더라고요. 정신 차리라고 뒤통수를 때릴 수 없으니 이 책을 그분에게 넌지시 건네보세요), 착하게 말하는데 이상하게 싫은 사람. 별별 사람이 다 있죠. 지금 옆에 있는 사람을 보세요. 그 사람도 그 별별 사람 중 하나일 수 있습니다. 특정한 순간에 그런 별별 사람이 되기도 합니다. 좋을 때는 한없이 좋다가도 싫어지면 모든 게 싫으니까요. 심지어 그가 숨쉬고 있는 소리가 싫어질 때도 있으니까 말이지요.

우리는 많은 사람을 만나며 상처와 위로를 주고받습니다. 인간이라는 말에 사이(間, 사이 간)가 있는 것처럼 우리는 관계함으로써 살아나고 살아갑니다. 관계에 대한 용기는 상처를 덜 주고받는 것에 대한 이야기입니다.

아들이 어릴 때 아내가 말캉말캉한 공을 사왔습니다. 배구공보다 더 작은 고무공이었습니다. 무릇 공이라면 뻥 차거나 휙 던져서 멀리 날아가야 제대로라고 생각했던 저는 그다지 멀리 날아가지도 못하는 고무공이 좀 답답했습니다. 아이의 안전을 위해서라는 걸 알면서도 공은 공다워야 한다고 생각했죠. 그렇다고 아내 몰래 공을 바꿔 놓아줄 정도로 간이 크지 않아 한동안은 아들과 고무공을 주고받아야 했습니다. 그런 아빠 마음과는 달리 아들은 고무공이 통 떨어졌다가 탕 튀어 오르면 깔깔깔 웃으면서 아주 즐거워했습니다.

일과 사람들 사이에서 복잡한 한 주를 보내고 주말이 끝나갈 무렵 아들과 탱탱볼을 가지고 놀다가 그런 생각이 들었습니다. '사람들 마음이 고무공 같으면 얼마나 좋을까!' 고무공처럼 바닥에 통 떨어졌다가 금세 탕 튀어 올라 제자리로 온다면 지금처럼 힘들게 살지 않아도 될 테니까요.

사실 사람 마음은 고무공은커녕, 축구공이나 야구공도 못 됩니다. 사람들 마음은 대부분 유리공과 같습니다. 유연하게 튀어 오르지 않죠. 금이 가거나 심지어는 쨍그랑! 깨지

기까지 합니다. 안타까운 일이죠. 다시 튀어 올라도 괜찮을 법한데, 그렇게까지 감정적으로 힘들 필요가 없는 것 같은데 온 마음에 금이 가거나 사정없이 깨져버립니다.

저는 늘 고무공이 되려고 노력합니다. 고무공이 되기 위해 갖춰야 할 소양이 있는데요. 그것들을 1부 관계의 용기에 담았습니다. 우리는 한낱 인간이기에 상대의 말이나 행동에 쉽게 다칩니다. 우리는 모두 깨지기 쉬운 유리공이라 던지는 사람(말하는 사람)과 받는 사람(듣는 사람) 모두 배려해야 합니다. 듣는 데도, 말하는 데도, 배려하는 데도 모두 용기가 필요합니다.

고무공이 되기 위한 두 가지 노력을 먼저 소개하겠습니다. 우선 의도하지 않아도 상대방은 상처받을 수 있다는 걸 기억합니다. 나의 말과 행동이 상대가 무너져 내리게 하고 있지 않은지 늘 자문합니다. 두 번째는 별것도 아닌 말에 감정을 담지 않기 위해 노력합니다. 상대의 의도를 해석하려고 애쓰지 않습니다. 상대의 말이 비수가 되는 건 내 입장에서 생각하기 때문입니다.

회사 멤버들에게도 이런 이야기를 자주 합니다.

"일과 사람을 분리하자. 의견과 사람을 분리하자. 감정과 일을 분리하자. 관계와 일을 분리하자. 일은 일이다. 프로답게 행동하자."

우리는 사람들 안에서 상처받고, 사람들 안에서 치유받습니다. 용기 있는 실천을 통해 모든 관계에서 덜 상처받고, 더 건강하고, 더 현명하게 살아가면 좋겠습니다.

"

'시키는 대로 한다'는 건
상대를 믿고 원하는 대로
해냈다는 것을
의미하기도 합니다.

"

해내는 용기

시키는 대로 해내는 것이 먼저다

리더의 성공은 그 사람이 뭘 하느냐가 아니라
그가 이끄는 팀이 어떤 성과를 내느냐에 달려 있다.
— 잭 웰치, GE 전 회장

영국 특수부대 UKSF(United Kingdom Special Forces) 이야기를 들었습니다. 대한민국 해군특수부대에 근무했고, 현재 특수보안 및 관련 콘텐츠를 만드는 회사의 대표님이 하는 특별 강연에서였습니다. 인사관리를 위해 UDT라는 특수조직의 노하우와 특징을 들어보는 시간이었습니다. 그분은 한국 외에 미국과 영국의 부대에서 활동하며 간접적으로 그들의 삶을 경험할 수 있었습니다. 대한민국 해군특수부대인

UDT(Underwater Demolition Team) 이야기에 다른 나라 사정까지 들을 수 있다면, 얼마나 재밌을까요? 대한민국 해군특수부대에서 근무하고 지금은 특수보안 콘텐츠를 만드는 회사 대표님의 생생한 이야기를 듣는 시간이 있었습니다. 특히, 영국 특수부대 UKSF(United Kingdom Special Forces)에 대한 사례가 기억에 남습니다.

UKSF는 매년 소수 인원을 선발해 강도 높은 훈련을 합니다. 이 훈련 시험을 통과한 이들에게만 (어떤) 자격을 줍니다. 그렇게 매년 40명에서 많아야 50명 정도의 최정예 요원이 탄생하는 것이죠. 그런데 한 명도 선발하지 못한 기수가 있다고 합니다. 이례적으로 훈련생 전원이 탈락했습니다.

정식 요원이 되기 위해 매 기수별로 6개월간의 강도 높은 훈련을 합니다. 평범한 사람은 견디기 힘든 훈련에서 문제처리 능력, 협동심, 타인을 대하는 태도를 봅니다. 그리고 마지막으로 진흙 뻘을 걷고 뜁니다. 진흙에서의 질주가 끝나면 용기를 내 모든 미션을 해낸 것에 대해 서로를 칭찬하면서 모처럼 편안한 밤을 보냅니다. 다음 날 성공을 축하하며 정식 자격을 부여받습니다. 별일 없다면 해피엔딩입니다.

모든 훈련병이 탈락한 기수는 왜 해피엔딩을 맞지 못했을까요? 진흙에서의 훈련을 마치고 막사로 돌아왔을 때 교관이 절대 신발을 벗지 말라고 명령한 뒤 나갔습니다. 진흙에서 구르다시피 걷고 뛰면 군화 안으로 진흙이 엄청나게 들어갑니다. 발이 불편하죠. 먼지처럼 작은 돌멩이라도 신발 안에 있으면 발가락이며 뒤꿈치를 쑤셔대니까요. 절대 하지 말라고 했지만 누군가 생각합니다. '잠깐 벗고 진흙을 털어 낸 뒤 다시 신으면 되잖아.' 그는 동료들에게 동의를 구하고 모든 동료가 찬성합니다. 신발을 절대로 벗지 말라는 명령을 '다시 돌아왔을 때 신발을 신은 모습이어야 한다'고 왜곡해서 이해한 것이죠. 별 생각 없이 그들은 진흙을 털어냈고, 다음 날 임관하지 못했습니다. 그것까지가 미션이었던 거죠. 마지막 참을성, 인내력, 명령을 끝까지 지켜내는 것.

강의장에서 이 이야기가 끝나고 여기저기서 탄식이 흘러나왔습니다. 마치 자신들이 임관하지 못한 것처럼요. 그만큼 안타까운 마음을 참지 못하고 어떤 분이 손을 들고 질문을 했습니다.

"법정소송으로 갈 일 아닌가요? 6개월 동안 모든 정신력과 체력을 끌어모아 훈련을 잘 끝냈는데, 고작 전투화 한번 벗었다고, 아니 벗어서 진흙을 털고 다시 신었다고 임관이 취소되는 건 너무한 처사 같아서요."

강연자는 단호하게 말했습니다.

"조직이 만든 규칙을 지키는 게 기본입니다. 전시에 규칙을 지키지 않고 개인행동을 한다는 건 동료를 죽이는 결과를 초래할 수도 있죠."

"전쟁 중에도 상황 판단이 중요하지 않나요? 상사의 명령대로 해서 불리할 때 그 상황에 맞는 방식을 선택해서 더 좋은 결과가 나올 수 있는 것 아닌가요?"

"어떤 상사도 자신의 구성원이 죽기를 바라면서 전략을 짜지 않습니다. 모든 상황을 염두하고 아군에게 가장 유리하고 희생이 덜한 쪽을 선택하죠. 그래서 전략인 겁니다. 오히려 그 전략을 믿지 않고 개인 행동을 해서 팀이 소멸되거나 죽는 경우가 훨씬 많습니다. 그러니까 지시한 걸 반드시 따라야 합니다. 시키는 대로 하는 것이 최선인 것이죠."

이 이야기를 듣고 무조건 수용하는 것에 대해 생각하게 됐습니다. 이 또한 매우 용기가 필요한 일일 겁니다. 아무리 조직의 수장, 윗사람의 전략이라고 해도 내가 이걸 무조건 따르는 것이 맞는지에 대해 고민하게 되니까요. 사람들은 일반적으로 문제를 마주할 때 비판적으로 생각하려고 합니다. 시키는 대로 한다는 말은 상대를 믿고 그가 원하는 것에 응하는 마음을 담고 있습니다. 저는 자주 저희 멤버들에게 말합니다. "시키는 대로 할게요"라고 말이죠.

어느 순간부터 '시키는 대로 한다'라는 말이 부정적으로만 사용되고 있는 것이 조금 안타깝습니다. 스스로 수동적인 사람이 된 것 같은 느낌 때문인지 이 말을 불편해하죠.

이렇게 생각하면 어떨까요? 상대의 마음을 온전히 있는 그 대로 받아서 행해준다고요. 수동적인 것이 아니라 당신이 능동적으로 움직인다고 생각하는 겁니다.

시키는 대로 하기를 바라는 상대의 마음을 나쁘게 보지 않았으면 해요. 정해진 규칙을 지키는 일도 업무입니다. 여 기서 말하는 용기는 무조건적인 복종이 아닙니다. 같은 방 향을 보고 나아가는 사람들끼리 더 빠르게 길을 찾아가는 현명한 방법이죠.

또 하나, '시키는 대로 하겠다'는 문장은 아래에서 위로 향하기만 하는 것은 아닙니다. 위에서 아래로 흐르기도 하 죠. 구성원들의 충분한 합의가 있었다면, 구성원들이 필요 로 한다면 수장도 시키는 대로 할 용기를 내야 합니다. 이 용기는 서로 오고 갈 때 더 큰 시너지로 발현됩니다. 내가 어느 위치에 있든 동료를 믿고 시키는 대로 해보세요. 조금 더 빨리 결승골을 넣을 수 있을 겁니다.

당신은 시키는 대로 해낼 수 있는 용기와 실력을 가진 어 른인가요? 생각해보시기 바랍니다.

"

상대의 부족함은 노력하지 않아도 보입니다.
상대의 훌륭함은 용기 내야 보입니다.

"

표현하는 용기

지능이 높은 사람은 친절하다

감사, 친절, 공감, 긍정, 축하, 인정, 지지, 배려,
연민, 포용, 관대 같은 단어는 나약한 사람들의 언어가 아니다.
강한 사람들이 행동으로 보여주는 언어이다.
— 최익성 페이스북

1만 명에 가까운 연락처, 수백 개의 단톡방.

제 전화기가 말해주는 관계의 양입니다. 저보다 훨씬 많은 관계를 맺는 분들도 계시고, 또 관계라는 게 양으로 가늠할 수 없으니 1만 개의 전화번호를 자랑하려 말을 꺼낸 것은 아닙니다. 오해 없으시길 바랍니다. 제가 하고 싶은 이야기는 수많은 단톡방 맨 마지막 메시지에 대한 것입니다.

단톡방 마지막 메시지는 대부분 제 것입니다. '고맙습니

다', '훌륭합니다', 그리고 '좋습니다.'

그중에서 압도적으로 많이 쓰는 메시지는 '고맙습니다'입니다. 일에서 만난 사람들이 모인 단톡방에는 다양한 제안서, 기획서, 결과물 등의 파일이 오고 갑니다. 서로 자료와 피드백을 나누는 공간이죠.

저는 자료들을 읽어보기 전에 재빠르게 '고맙습니다'라는 메시지를 남깁니다. 결과물의 완성도를 보기 전에 해당 내용에 대한 고민의 시간을 존중합니다. 그 노력을 지지한다는 의미를 담아 고맙다는 말을 먼저 남깁니다. 그 뒤에 문서를 열어도 늦지 않습니다.

고맙다는 말을 먼저 하는 또 하나의 이유는 문서나 자료가 생각한 수준에 못 미칠 수도 있기 때문입니다. 사람인 이상 판단이 서면 고맙다는 말이 쉽게 나오지 않으니까요. 그렇게 되면 결과물의 수준과 별개로 그걸 위해 들였던 개인의 시간과 노력까지 사라지고 맙니다. 그렇게 되기 전에, 어찌 되었건 고민해서 세상에 내놓은 것이니 첫마디는 지지여야 한다는 게 제 생각입니다.

상대의 부족함은 노력하지 않아도 보입니다. 참 신기하죠. 그러나 상대의 훌륭함은 용기를 내야 겨우 조금 볼 수 있습니다. 고맙다는 말을 내뱉기 위해서 용기가 필요한 이유지요.

어느 기업 대표님이 눈을 씻고 찾아봐도 구성원들이 잘하는 점이 보이지 않는다고 하시길래 이렇게 말씀드렸습니다. "앞으로 눈을 씻지 마시고 더 흐리게 보시면 어떨까요? 눈곱이 조금 껴 있어도 괜찮을 것 같아요."

눈을 너무 깨끗이 씻어서 눈앞이 선명해지면 장점보다 단점이 도드라져 보입니다. 그래서 '눈을 씻고 찾아봐도 없다'라는 관용구가 생겼겠죠. 반대의 경우였다면 '눈을 씻고 찾아보니 있다'가 됐겠죠? 그러니 눈을 좀 덜 씻고 흐릿하게 잘못을 보되 장점과 단점이 서로 스며서 노력은 노력대로, 실수는 실수대로 보이게 하면 좋을 것 같습니다.

제가 '고맙습니다'라는 말을 많이 하니까 누가 그 메시지를 너무 남발하는 게 아니냐고 지적했습니다. 진짜 고맙지도 않으면서 고맙다고 말만 한다고요. 그런데 저는 진짜 고맙습니다. 노력해주고 결과를 보여줬으니까요. 피드백은 나쁜 포인트를 찾는 행위가 아닙니다. 일단 최선을 다해 해낸 훌륭한 점을 먼저 찾아야 합니다. 그 뒤에 아쉬운 부분을 이야기해야 합니다. 무조건 이건 별로라고 판단해버리면 새로 시작할 용기를 잃습니다.

고맙다고 말하는 건 일에 몰두할 용기를 가질 수 있도록 도와주는 일입니다. 그러니 조직이 잘 돌아가길 바란다면 기회가 있을 때마다 고맙다고 말해야 합니다. 고맙다는 말을 들으면 사람은 공헌감을 느낍니다. 공헌감을 느낄 수 있는 사람은 자신이 가치 있다고 생각하고요. 자신에게 가치가 있다고 생각할 수 있어야 비로소 일에 몰두할 용기를 가질 수 있습니다.

말 한마디로 가능한 일입니다. '고맙습니다', 인정받고 존중받았다는 충만한 느낌. 이것이 계속 일을 할 수 있는 원동력이 됩니다. 실수가 있어도 일이 안 풀려도 나의 열심을 알아주고 있다는 믿음이 있다면 계속해서 나아갈 수 있게 되죠.

이런 메시지를 전하는 게 낯간지러워서 못 하겠다는 분들도 계십니다. 그래도 용기를 내서 말해야 합니다. 상대가 고맙다고 말하는데 싫어할 사람이 누가 있을까요? '고맙습니다'라는 말은 타인과 나 사이에 윤활유가 되어줍니다. 서로 다른 두 사람이 부드럽게 유기적으로 관계를 맺을 수 있도록 해주죠.

아끼지 마세요. '고맙다, 사랑한다, 미안하다'는 말은 이낄 필요가 없는 말입니다. 귀하게 다룰 필요도 없습니다. 그저 마구마구 쓰세요. 말하지 않아도 상대가 알 것이라는 추측은 접어두시기 바랍니다.

내가 고맙다고 해도 상대는 별로 좋아하지 않는 것 같다고 생각하신다면 그건 상대의 몫으로 남겨 두시면 됩니다. 고맙다는 말을 하는 용기가 그 말에 반응하지 않는 것보다 훨씬 강하지 않을까요? 지금부터 자꾸 쓰세요. '고맙습니다. 고마워요.' 자꾸 반복해 쓰다 보면 당신의 언어가 될 것입니다.

"

옳은 것을 옳다고 말하는 것이 용기입니다.

그른 것을 그르다 말하는 것이 용기입니다.

"

반대하는 용기

모두가 옳다고 해서 꼭 옳은 건 아니다

是是非非謂之智
非是是非謂之愚

옳은 것을 옳다 하고 그른 것을 그르다고 하는 것은 지혜롭다.
옳은 것은 그르다 하고 그른 것을 옳다고 하는 것은 어리석다.

— 순자 〈수신(修身)〉편

수신(修身)은 '수신제가치국평천하'의 그 수신입니다. 동양의 철학에서는 천하가 평화롭기 위해 가장 먼저 해야 할 일은 '나를 닦는 것'이라 했고 그것이 수신에 잘 나와 있습니다. 한편, 순자는 함께 살아가는 삶에 주목하기도 했습니다. 그중 〈수신(修身)〉편에는 관계의 고민을 덜어줄 만한 지혜가 많이 들어 있죠. 앞에 소개한 저 문장, '시시비비위지지(是是非非謂之智) 비시시비위지우(非是是非謂之愚)'의 의미는 '옳은 것을 옳다 하고 그른 것을 그르다고 하는 것은 지혜롭다. 옳은 것은 그르다 하고 그른 것을 옳다고 하는 것은 어리석다'입니다. 제가 무척 좋아해서 일부러 외우고 있는 문장입니다. 반대할 용기가 필요할 때마다 꺼내 새겨보곤 하죠.

회사를 경영하기 전, 직장생활을 할 때 삶의 기조는 '부러질지언정 구부러지지 말자'였습니다. 조금 융통성이 없는 태도였지요. 그때는 나를 세우기 위해 필요한 태도라고 생각해서 지키려고 했었죠. 큰 조직에서 생활하다 보면 여기저기서 나를 흔드는 요인들이 많거든요. 기준을 단단히 잡고 있지 않으면 이 사람 저 사람에게 끌려 다니다가 진짜 나는 없어지고 말겠구나 걱정이 듭니다. 눈에 보이지 않는 '라인'이 존재하는데 정말 라인은 외줄이라 그 위에 발을 딛는 순간 위태롭고 불안해지죠. 그런 것들이 싫었습니다. 우직하게 내가 옳다는 걸 따라가고 그르다고 생각하는 건 그르다고 말을 하자 싶었죠.

회사생활은 지혜롭기보다 어리석기 쉬운 환경이잖아요. 누가 봐도 옳지 않은데 아무도 감히 입을 열지 못하는 상황이 자주 생기죠. '아무리 봐도 이건 아닌데' 하면서도 그냥 "맞습니다" 하고 넘어가는 경우가 적지 않습니다. 컨설팅 경험으로 보면 단단한 조직은 시시비비위지지(是是非非謂之智)

합니다. 겉으로는 단단해 보이지만 그 안이 삭아 부서질 것 같은 조직은 비시시비위지우(非是是非謂之愚)하고요. 따로 공식이 있는 것도 아닌데 영락없습니다.

다시 저의 회사생활로 돌아가 볼게요. 부러질지언정 구부러지지 말자고 마음먹었던 저는 조금 뾰족한 사람이었습니다. 아마 윗분들은 저 녀석 너무 까분다고 생각하셨을 거예요. 아직 어린 초년생이 세상물정 몰라 그렇다고 너그럽게 보아주셨던 분들도 계셨을 테고요.

사회 초년생에서 성장하여 중간관리자가 됐을 때의 일이었습니다. 회사에서 전 직원을 대상으로 한 아주 중요한 제도 개편이 시행됐어요. 프레젠테이션의 대가인 사장님이 직접 PPT를 준비했고, 구성원에게 설명하는 시간을 가졌습니다.

우선 큰 변화는 컨설팅과 세일즈 조직을 분리해서 지표를 만들어 관리하겠다는 것이었습니다. 이것은 업무의 세분화, 개별화 등 다양한 시도였지만 실무 입장에서는 오히려 업무가 더 복잡해지고 조직 간 경쟁이 심해진 상황이었습니다. 또 다른 변화는 회사의 중요 정보가 저장된 서버의 접근 권한의 조정이었습니다. 회사 중요 정보는 높은 레벨의 컨설턴트만 볼 수 있었습니다. 대부분의 컨설턴트들은 A, 세일즈 마케팅들은 B 이런 식으로 정리되었던 걸 개편했다는 거죠. 보안 강화 작업을 위해 직원들에게 함구하고 컨설턴트 한 명만 프로젝트에 참여했다며 새로 바뀐 서버 접근 권한에 대해 설명했습니다. 그 많은 서버의 자료를 정리하기 위해 인턴 2명이 투입되었다는 말과 함께요.

프레젠테이션이 끝나고 사장님께서 질문을 받겠다면서 다른 의견이 있다면 얼마든지 이야기하라고 하셨습니다. 발표를 끝까지 듣고 의문이 많았던 저는 손을 번쩍 들고 질문했습니다.

"회사의 중요 정보라면서 인턴에게 자료 정리를 맡기는 게 맞는 건가요?"

그때 사장님 얼굴이 지금도 생생합니다. 온화한 표정은 온데간데없이 그야말로 얼굴이 확 굳어버리셨거든요. 기분이 상하셨을 겁니다. 인간은 내가 옳다고 생각한 것에 대해 부정적인 이야기를 들으면, 첫째 방어하고 싶고 둘째 공격하고 싶어집니다. 우리 모두 그걸 알고 있기 때문에 반대 의견이 있어도 자기검열을 하면서 조용히 자신의 의견을 접어두죠. 내 생각이나 주장이 있지만 그걸 내려놓고 꺼내지 않습니다. 상대의 감정이 상할까도 있지만 나를 보호하기 위해서죠. 마음이 상한 상대방이 나를 공격할까 두려운 마음이 있기 때문입니다. 알고 있지만 그때 저는 자기검열을 하지 않았고, 해야만 하는 이야기를 던졌습니다. 굳은 얼굴의 사장님에게 한마디를 더 전했죠.

"컨설팅과 세일즈 조직을 분리해서 지표를 만들어 관리한다는 분리경영은 이해합니다만, 그럼에도 양쪽을 넘나들 줄 알아야 한다는 건 협업과 소통이 중요하다는 메시지에 반하는 제도가 아닐까 싶습니다. 제도라는 벽을 쌓았는데 그걸 넘나드는 효율을 보이라는 건 모순이라고 생각됩니다."

여기저기 웅성거림이 나오고 사장님도 당황한 기색이었지만 시니어 레벨이 아닌 일개 컨설턴트의 발언은 큰 영향력을 미치진 못했지요. 별다른 대책 없이 회의가 마무리됐습니다. 그때 사장님의 이중 메시지를 경영자가 된 지금은 이해합니다. 무슨 뜻으로 하신 말씀인지 이제야 이해가 돼요. 하지만 그 순간에는 '왜 저렇게 모순된 이야기를 하는 건가, 이건 옳지 않다'는 생각이 제 머릿속에 가득했습니다. 옳지 않으니 반대의견을 내야 한다고 용기를 내라는 내면의 소리가 계속해서 들려왔죠.

사장님은 지금도 제가 존경하는 분입니다. 이 일화는 조직의 수많은 이슈 중 하나였고요. 훌륭한 경영자로 여전히 건재하십니다. 제가 넘고 싶고 넘었으면 하는 산 같은 존재이고요. 얼마 전에 오랜만에 찾아가 뵈었는데 온화한 얼굴로 물으시더군요.

"잘하고 있나?"

"제가 생각보다 느린 것 같습니다. 다행히 방향은 잃지 않고 나아가고 있어요."

"그거면 됐다. 잘하고 있는 거야."

짧지만 묵직한 격려의 한마디를 들을 수 있었죠.

옳은 것은 옳다 하는 일, 어렵지 않죠. 긍정적인 메시지는 상대가 누구이든 전달이 쉽습니다. '네가 맞아'라는 피드백에 기분 상할 사람은 없으니까요. 하지만 그른 것을 그르다 말하는 건 상대를 공격하는 생각이 들어 어딘가 찝찝하고 마음이 편치 않죠.

저희 회사의 그라운드룰 중에 이런 것이 있습니다. 우리는 의견과 싸우지 사람과 싸우지 않는다. 내 주장을 펼치기 위해서는 의견과 사람을 분리할 줄 알아야 합니다. 그 사람의 의견을 보는 게 아니라 그 사람을 보면 제대로 이야기할 수 없게 되죠. 의견을 제대로 받아들일 수도 없게 되고요.

의견을 받는 입장에서는 미운 사람이 꼭 반대를 하는 게 아니라 반대할 만한 의견이기 때문에 반대한다고 생각해야 합니다. 반대의 입장이라면 아무리 좋아도 그른 것은 그르다고 말해줘야 하는 것이고요. 혹시나 저 사람이 나를 싫어하지 않을까? 이런 두려움 때문에 그른 것을 옳다고 말하는 건 어리석은 일입니다. 의견과 나를 분리할 줄 알아야 합니다. 의견과 상대를 분리할 줄 알아야 하고요.

　의견과 사람을 분리하면 반대하는 용기를 내기 쉬워집니다. 그른 것을 그르다고 말할 수 있는 용기를 내시길 바랍니다. 지혜로운 조직, 지혜로운 인생을 위해서요.

"

화가 불러온 화는
왜 화가 나는지조차
잊게 만듭니다.

화가 화를 내지
않도록 해야 합니다.

"

다스리는 용기

화가 화를 내게 두지 말자

화났을 때는 아무것도 하지 말라.
하는 일마다 잘못될 것이다.
— 발타자르 그라시안

"혹시 A 선배에게 잘못한 일이 있어?"

갑작스런 질문에 약간 당황스러웠습니다.

"글쎄요."

어중간한 대답으로 시간을 벌면서 생각을 해봤습니다.
'내가 그 사람에게 실수한 게 있나?' 그와 마주쳤던 시간을
빠르게 복기했지만 아무것도 없더군요.

"딱히 떠오르지 않는데요. 왜 그러세요?"

"별건 아니고. 사장님 앞에서 자꾸 당신을 나쁜 사람인 것처럼 얘기하길래."

"뭐라고 얘기하는데요?"

"자기 것만 챙기고, 후배들 이해도 안 해주고, 업무할 때 다른 사람들을 좀 무시한다고."

"설마, 제가 그런 사람이라고 생각하세요?"

"아니지, 아니니까 묻는 거야. 그가 왜 그렇게 생각하고 있는지 궁금해서."

그날 사내에 나를 싫어하는 사람이 있다는 걸 처음 알게 됐습니다. 회사에 다니면서 일을 잘 해냈고, 선후배 관계도 좋은 편이어서 전혀 생각하지 못한 얘기였습니다. 누구한테 특별히 원한을 살 만한 일도 없었고, 흔히 한다는 줄타기도 적성에 맞지 않아 하지 못하는 터라 적어도 미움받는 존재는 아니라고 생각했습니다.

누군가 나를 미워하고 있다는 이야기를 들으면 빨리 잊고 말자, 무시하자고 생각하지만 시간이 갈수록 스멀스멀 억울함이 올라오면서 화가 나기 시작합니다. 왜? 내가 뭘 잘못했다고? 마음속에서 수만 가지 질문이 솟아오르고 평정심을 잃게 되는 거죠. 나를 싫어하는 이유가 뭐냐, 나는 당신한테 어떤 해코지도 한 적이 없다고 당장 가서 따지고 싶은 마음까지 들었습니다. 하지만 큰 숨을 한번 내뱉고 꾹 참았어요. 마음을 가라앉히고 다시 한번 복기를 시작했습니다.

생각해보니 늘 어떤 뾰족함을 가지고 있긴 했습니다. 프로그램을 만들거나 강의를 할 때 완벽하려고 노력했고, 그 과정에서 의도치 않게 나의 예민한 부분을 본 사람도 있겠지요. 그걸 대놓고 티를 내진 않았던 것 같은데, 뭘까?

그렇게 답답한 마음으로 며칠이 지났을까, 그 선배와 외나무 다리에서 원수를 만나듯 정말 우연히 정면으로 마주쳤습니다. 앞쪽에서 그가 걸어오는 걸 발견했을 때 오만 가지 생각으로 마음속이 요동치더군요. 지금이라도 이유를 물어? 말아? 고민 중에 그는 점점 다가오고, 다섯, 넷, 셋, 둘… 하나, "안녕하세요. 좋은 하루 되세요." 저는 그냥 인사를 하는 쪽을 택했습니다. 그런 선택을 한 이유는 그 즈음 읽고 있던 《미움받을 용기》의 내용을 기억해서였고요. '화가 화를 내지 않도록 하라'는 말이 아주 인상 깊었거든요.

밝게 인사를 했더니 그 사람이 좀 놀란 듯한 표정으로 인사를 했습니다. 다정하진 않았지만 무리 없이 서로의 안부를 묻고 헤어졌죠. 그 경험은 용기를 내서 화내지 않으면 상황이 단순해진다는 걸 알려줬습니다.

그 이후 생긴 원칙이 절대로 '화가 났을 때 메시지를 쓰지도 말고, 얼굴을 마주하고 메시지를 전하지도 말자'입니다. 회사를 그만두고 나와 사업을 시작한 뒤에는 그 원칙이 더 자주 쓰였죠.

화가 불러온 화는 왜 화를 내는지조차 잊을 때도 많지요. 본질은 사라지고 화라는 현상만 남는 것입니다. 그런 경우는 회사 일에서 특히 많습니다. 그냥 현상으로 봐야 합니다. 그걸 사람에게 대입시켰다가는 본질은 사라지고 거대한 거죽만 남은 화가 생겨나는 것이죠.

2016년 1월, 창업한 회사에 첫 멤버가 합류했습니다. 그때 저는 회사를 위해 일하는 직원이라는 의미보다는 능동적으로 함께 일을 해나가는 멤버를 찾고 있었죠. 그리고 함께 일하게 된 뒤 그 멤버와 시간이 날 때마다 회사의 비전과 철학에 대한 대화를 나눴습니다. 3개월이 지난 어느 날, 강의가 있어서 기차를 타고 경주에 갔습니다. 맡은 강의를 마치고 숙소에 돌아왔는데 장문의 메일이 와 있었습니다. 정말 긴 메시지였는데 핵심은 이런 내용이었어요.

'대표님은 본인이 하고 싶은 것에 대해 이야기할 때 한 번도 명확한 적이 없었습니다. 그게 저를 힘들게 합니다.'

정말 너무 깜짝 놀랐어요. 제 리더십의 기본 원칙이 '명확하고 뚜렷한 방향을 제시하고 동기부여를 한다'거든요. 그렇게 이끌었다고 생각했는데 완전히 반대되는, 부정하는 A4 2페이지 분량의 메시지를 받았으니까요. 순간 머리 끝까지 화가 났어요. 나를 왜곡하고 부정하는 말에 당장 반박하고 싶었죠. 일을 마치고 숙소에 들어가 그에 대한 반박 글을 두 배 분량으로 써내려 갔습니다. 하나하나 구체적으로 쓰다 보니 무려 A4 4장 정도가 되더라고요. 씩씩대며 긴 글을 써서 Send를 누르려는데, 갑자기 정신이 번쩍 들었습니다.

이 메일을 보낸다고 뭐가 달라질까? 상대는 자신이 내가 명확하지 않다고 오해했다고 생각할까? Send를 누르기 전 물을 한 모금 마시며 깊게 생각을 했습니다. 내 안에 답은 '아니'였어요. 아무리 논리적인 반박 글을 두 배, 세 배 분량으로 보낸다 한들 그 사람의 생각은 바뀌지 않을 거라는 결론이었죠.

일단 보류하기로 했습니다. 다음 날 일정이 있으니 우선 잠을 자기로 했어요. 물론 쉽게 잠들지 못하고 밤새 뒤척였습니다. 일정을 마치고 집에 돌아와 그 메일을 받은 지 하루쯤 지났을 때 제가 써놓은 반박 메일을 다시 읽어봤습니다. 아닌 척했지만 여기저기 칼이 들어 있더군요. 당신이 못 알아들은 것이라는 이야기를 조목조목 칼 휘두르듯 글로 상처를 내고 있었죠. 얼굴이 화끈 달아올랐습니다. 저는 모든 글을 지우고 이렇게 다시 썼습니다.

'미안합니다. 명확하게 전달했다고 생각했는데 그렇지 못했네요. 이해합니다.'

그리고 비로소 Send 버튼을 눌렀죠. 순식간에 마음이 무척 편안해졌습니다. 화내지 않을 용기가 나의 마음에 평온과 평화를 가져다줬습니다. 이 일이 있고 난 이후 저는 민감하게 처리해야 하는 메일들은 24시간 뒤에 보내곤 합니다. 즉각적으로 감정을 표출하지 않으려고 노력해요.

만약 그때 두 배 분량의 반박 글을 메일로 전송했다면 논쟁이 길어졌을 겁니다. 리더십의 원칙을 지켰다는 걸 인정받더라도 사람을 잃은 건 바뀌지 않았을 것이고, 끝까지 갈등하고 결국 더 좋지 않은 결말을 맞이했을 겁니다.

아내와 다툼이 있을 때도 이 원칙을 씁니다. 24시간 분리된 고요의 시간을 가지려고 합니다. 물론 '잘못을 인정하지 않고 침묵하는 것'이냐며 아내에게 혼나는 경우도 많지만요. 저는 일단 용기를 냅니다. '화내지 말아야지. 24시간 동안 참아 봐야지' 하고요.

"

마음의 공간을 넓혀
일단 수용하려고 해보세요.
그럼 갈등의 순간에도 당황하지 않고
원하는 쪽으로 상황을 이끌 수 있습니다.

"

당황하지 않을 용기

그도 최선을 다하고 있다

타인에게 친절하라. 그대가 만나는 모든 사람은
지금 그들의 삶에서 가장 힘겨운 싸움을 하고 있을지도 모르니.
— 플라톤

일을 하면서 들었던 가장 놀라운 말 톱 3 중 하나를 소개
할까 합니다.

"이제부터 을이세요. 하라는 대로 하세요."

지어낸 것도 드라마 대사도 아닌 실제로 일을 하며 들었
던 말입니다. 어느 조직의 리더십 과정을 개발하는 일을 수
주한 후 계약하는 날이었어요. 계약은 세일즈팀이 가서 진
행하는데 그날은 프로젝트 수행 담당자인 저도 함께 참석

했습니다. 계약서에 도장을 찍으니까 담당자께서 의자 등받이에 등을 곧게 펴시고 눈을 내려보면서 저렇게 말씀하시더라고요.

세일즈팀은 그런 경험이 많았는지 농담으로 받아들이고 허허 웃고 넘어갔습니다. 무척 당황스러웠습니다. 아무리 농담이라도 저런 말을 해도 되나 싶었죠. 저는 꼭 한마디 해야겠다는 생각을 했습니다. 당황한 마음을 가라앉히고 평정심을 찾은 뒤 커다란 협상 테이블의 건너편에 앉아 있는 담당자와 눈을 맞추고 이렇게 말했어요.

"여기 민원실이 어디 있나요?"

낯빛이 확 바뀌시더군요.

"지금 뭐 하시는 거예요?"

"잠깐 들러야 할 것 같은데 민원실 위치가 궁금해서요."

"장난하시는 건가요?"

"을이니 하라는 대로 하라고 말씀하시는 건 장난이 아니고, 제가 민원실을 찾는 건 장난인 것 같으신가요? 앞으로 파트너로 함께 일을 할 텐데, 동등하게 대해주세요. 그래야 좋은 결과가 나오지 않겠습니까?"

글로 써놓으니 무척 딱딱해 보이지만, 웃으면서 부드럽게 말했습니다. 그분도 제 의견에 수긍하셨고요. 시작 전에 서로의 의견을 정리해서인지 과정도, 결과도 좋았습니다.

'인간은 결정적 순간에 도마뱀이 된다.'

저에게 아주 큰 영향을 준 3권의 책 중 하나인《결정적 순간의 대화》에 이런 이야기가 나옵니다(나머지 2권은《미움받을 용기》와《설득의 심리학》입니다. 지혜롭게 살아가는 데 도움을 준 책들이니 꼭 한번 읽어보시길 권합니다). 여기서 말하는 결정적 순간은 나보다 센 상대를 만나는 순간입니다. 그때 둘 중 하나가 됩니다. 나도 입을 크게 벌려서 공격하거나 꼬리를 자르고 도망가는 것이죠. 회의나 협상 중 결정적 순간이 오면 도마뱀이 된다는 거죠. 물거나, 도망가거나 둘 중 하나인 겁니다.

오랜 경험으로 도마뱀이 되지 않기 위해 평온함이 필요하다는 걸 알게 됐습니다. 평온함을 유지하면 세련되게 공격할 수 있기 때문이죠. 악을 쓰며 달려들면 결국 반격을 받아 꼬리를 자르고 도망갈 일이 생기기 마련입니다. 평온해야 해요. 심호흡을 하고 물을 마시는 것도 좋은 방법입니다.

대검찰청 미래기획단과 일할 때의 에피소드도 하나 더 말씀드릴게요. 미래기획단은 검찰 조직 안에서 명석한 사람들이 검찰의 미래를 바꾸기 위해 개혁 관련 프로젝트를 진행하는 조직인데, 그때 프로젝트를 함께했습니다. 회사의 많은 컨설턴트가 그 프로젝트에 투입됐다가 장렬히 전사해버렸죠. 클라이언트와의 마찰로 균열이 생기면 반대의 반대가 계속되곤 하거든요. 바로 그런 경우였습니다. 깨진 신뢰를 이어 붙이기 위해 제가 소방수로 투입됐습니다. 공공기관과 일하는 게 쉽지 않다는 걸 알았지만, 회사 소속인 저에게 조직의 명령을 피할 길이 없었죠.

결국 회의에 참석하게 됐습니다. 금요일 밤 7시 30분에 시작하는 회의였어요. 금요일 밤에 하는 회의, 이걸 신선하다고 해야 할지 독특하다고 해야 할지 모르겠지만 검찰 조직의 특성상 그 시간에 회의를 자주 하는 듯했습니다.

그렇게 담당 검사님들과 마주 앉아 회의를 시작했는데, 뭐랄까요. 대화가 아닌 취조받는 느낌이 들었어요. 인간은 자기가 가지고 있는 경험의 속성을 벗어나지 못하는데 검사들도 마찬가지였죠. 무려 2시간 동안 말이죠. 겨울이었고, 에너지 절약 차원인지 전열기구를 전부 회수해가고 나니 으슬으슬 춥기까지 했습니다. 회의 방식, 공간의 분위기, 환경까지 모두 당황스러움 그 자체였죠.

결정적 순간! 저는 평온을 찾기 위해 테이블 위에 놓인 물을 한 모금 마셨습니다. 그리고 손을 들고 말했습니다.

"화장실은 안 가나요?"

분위기가 부드럽게 바뀌고 모두 잠깐 쉬고 하자고 할 줄 알았는데 아니었습니다. 공기가 더 차가워지고 말았죠. 엄숙하고 냉정한 얼굴로 무슨 말도 안 되는 소리를 하느냐는 눈빛들이 날아왔습니다. 저는 이대로 물러서면 안 될 것 같아 한마디를 더 했습니다.

"회의한 지 2시간이 지났습니다. 이쯤에 뇌를 쉬게 할 필요가 있죠. 또 놀라운 점을 이야기하고 싶은데요. 지금 아무도 회의를 하고 있지 않습니다. 취조하고 있죠. 이 분위기를 바꾸지 않으면 답이 나오지 않을 겁니다. 그리고 하나 제안드립니다. 잠시 쉬고 돌아와 회의를 재개하고요. 회의 중에 제가 취조가 시작됐다고 말씀드리면 다시 멈춰주십시오."

단호하게 이야기하니 어떤 검사님이 꼭 그렇게까지 해야 하냐고 언짢아하셨어요. 그래서 다시 설득했습니다.

"올바른 회의가 되어야 좋은 결과가 나옵니다. 우리 목표는 같은 거잖아요. 그 목표를 이루려면 좋은 대화를 통해 진행되어야 합니다."

검사들이 그제야 고개를 끄덕였습니다. 그때부터 효율적으로 회의가 진행됐죠. 그분들이 우리를 공격하는 구조가 아니라 우리가 그들의 의중을 끌어내고 정리하는 구조로 바뀌었고 회의가 잘 마무리됐습니다.

직장생활을 하다 보면 당황할 일이 곳곳에 있습니다. 저의 경우처럼 클라이언트와의 관계에서 흔하게 일어나지만,

사내 위계에서도 비일비재합니다. 요즘은 위에서 아래로가 아니라 아래에서 위로 그런 일이 더 많습니다. 기존과 다른 세대의 사고방식 앞에서 당황하는 리더들이 많아지고 있는 거죠. 우스개로 젊은 세대들의 3요가 있다고 하죠. '왜요, 제가요, 이걸요'라고 하는데요. 그 입장에서 충분히 건의하고 제안할 3요이지만, 시키는 것에 익숙한 리더들에겐 당황스럽죠. 본인에 대한 공격이라고 생각할 수도 있고요. 결정적 순간이 자주 발생하게 되는 겁니다.

이럴 때 당황하지 않을 용기를 내야 합니다. 반대의 경우도 마찬가지입니다. 기존의 관습에 젖어 비합리적이고 비효율적인 일처리를 강요하는 리더의 공격이 들어왔을 때 당황하지 않을 용기가 필요합니다.

나와 다른 의견이나 생각을 들었을 때 당황해서 받아치면 의도가 다르게 전달되기 쉽습니다. 말이 헛나가면서 실수하게 되는 거죠. 그렇게 되면 다시는 상대에게 지시나 요구를 할 수 없습니다.

당황하지 않을 용기를 위해 많은 연습이 필요합니다. 포커페이스가 잘 되어야 하니까요. 얼굴색과 표정이 바뀌지 않도록 거울을 보고 연습하는 것도 좋습니다. 그러나 무엇보다 제일 좋은 방법은 담대한 마음을 갖도록 애쓰는 겁니다. 내 마음의 공간을 넓혀 어떤 의견이든 일단 수용하려고 해보는 것이죠. 이해할 수 없고 기가 막힌 상황이라도 마음의 공간이 넓다면 뇌가 여유를 갖게 됩니다. 그래야 도마뱀의 뇌로 변하지 않겠죠.

"

때로는 거절이
상대를 위한 일이 되기도 합니다.
당장 실망을 줄지언정
길게 봤을 땐 관계에서
좋은 일이 되기도 합니다.

"

거절하는 용기

거절하는 것도 배려이다

다른 사람이 내 삶을 결정하도록 두지 마라.
― 워런 버핏

컨설팅 펌의 일은 선박회사와 비슷합니다. 이미 만든 배를 소비자에게 팔 수 없습니다. 배를 만든다는 건 엄청난 공이 드는 일이고 또 필요에 따라, 승객 인원에 따라, 여러 용도와 쓰임에 따라 설계가 달라지기 때문입니다. 그러니까 배를 만드는 회사는 누군가의 의뢰가 있어야 비로소 자신들의 능력을 펼칠 수 있습니다.

선박회사는 수주가 떨어지면 전문가들이 배가 필요한 곳

의 니즈에 맞게 배를 만들기 시작합니다. 만드는 과정에서 계속해서 서로 피드백이 오고 가지요. 선박회사의 직원들은 클라이언트가 원하는 멋진 배를 만들기 위해 최선을 다합니다. 마침내 망망대해 어느 곳을 향해 가더라도 끄떡없는 튼튼한 배를 만들어냅니다.

컨설팅도 마찬가지입니다. 혁신적인 HR, 현명한 리더십, 아무리 좋은 연구를 하고 멋진 프로그램을 짜더라도 그에 맞는 조직이 없다면 무용지물입니다. 우리가 이렇게 만들어 놨으니 필요하면 사라는 마케팅이 먹히지 않습니다. 불특정 다수에게 판매는 불가능합니다. 컨설팅은 오직 하나의 화살을 하나의 과녁에 맞춰야 합니다. 니즈가 없다면 출발도 없죠. 조직을 변화시켜야 한다는 니즈가 있고 관련해 필요한 부분을 의뢰받았을 때 비로소 그에 맞춰 컨설팅을 할 수 있는 것이죠. 필요한 적재적소에 맞춤 솔루션을 주는 의미 있는 일이지만, 원하는 사람이 없다면 아예 할 수 없는 일이기도 합니다.

특정 요청이 있을 때 개발하고 연구하고 결과물을 내야 하는 비즈니스의 특징이 있습니다. 거절이 어렵다는 것입니다. 누군가의 요청으로 일이 성사되는 것인데 그 요청을 거절한다는 건 아주 큰 결심을 해야 하는 것이죠. 단 한 번의 거절로 영원히 요청이 사라질 수도 있다는 불안감이 있으니까요.

저는 현재 컨설팅 회사를 운영하는 경영자이기도 하지만, 그 안에 소속된 전문 강연자이기도 합니다. 리더, 팀, 문화에 대한 강연을 주로 하고 있죠. 이 또한 니즈가 있어야 일이 이어집니다. 요청을 거절하기 쉽지 않은 일이죠.

한때 저는 무조건 YES였습니다. NO라는 말이 몰고 올 파장이 염려됐거든요. 너무 냉정하게 보이는 것은 아닐지, 실망을 안겨주진 않을지 이런저런 걱정으로 아니라고 말하지 못했습니다. 스케줄이 가득 찼는데도 출장 시간이 오래 걸리는 지역의 강연을 맡기도 하고, 기존 강연료에 턱없이 부족한 보수를 받고 강의하기도 했습니다. 그래야 하는 줄 알았고, 그게 맞다고 생각했죠.

어느 순간 일을 즐기고 있지 못한 저를 발견했습니다. 들어오는 일을 처리하기에 급급하더군요. 요청받은 일을 하느라 해야만 하는 일을 잊기 일쑤였고요. 시간이나 마음이 여유가 있어야 새로운 생각도 하는데 일을 하는 데에만 급급했죠. 그 와중에 강의 자료를 최고의 퀄리티로 만들려다 보니 항상 쫓기는 마음으로 살았어요.

어느 날 강의를 들었던 분께 문자메시지를 받았습니다. 인원이 작은 회사의 경영자이셨는데, 강의 요청을 해오셨어요. 강의료는 많이 줄 수 없지만 시간은 무조건 저에게 맞추겠다고 하셨습니다. 강의 장소는 꽤 많이 이동해야 하는 거리였고요. 습관처럼 YES라고 보내려던 저는 전송 버튼을 누르기 전에 잠깐 스케줄표를 확인했습니다. 컨설팅 업무와 강의 그리고 여타 개인적인 일들로 빼곡했죠. 내 시간에 맞춰준다고 했으니 그 안에 새로운 스케줄을 넣을 수는 있겠지만 과연 그것이 효율적인지 고민했습니다. 빈 시간은 제가 어렵게 확보한 개인 휴식 시간이었거든요.

고민 끝에 저는 거절했습니다. 그리고 그날 기준을 정했어요. 한 달에 딱 세 번만 강의하자. 돈을 많이 준다고 해도 이 원칙을 깨지 말자. 회사 일, 집안 일, 나를 발전시킬 수 있는 개인적인 휴식시간을 제외하고 최선을 다해 제대로 강의할 수 있는 시간은 한 달에 세 번이다.

지금까지 그 기준은 제법 잘 지켜지고 있습니다. 인간이다 보니 돈의 유혹도 생깁니다. 네 번, 다섯 번 한다고 누가 아는 것도 아닌데 돈을 더 준다는 데 좀 더 해볼까 싶을 때도 있지만 다시 마음을 다잡습니다.

컨설팅 일도 마찬가지입니다. 수주를 받았다고 해서 끌려다니며 일하지 않습니다. 배를 만든다는 건 전문성을 가지고 역량을 펼치는 일이니까요. 클라이언트의 부당한 요구나 비전문적인 지식을 기반으로 한 의견이 있다면 거절해야 합니다. 거절하지 못해 계속 끌려다니면 일의 효율과 결과가 엉망이 되기 쉽습니다.

《더 딜리트》는 버리지 못하면 버림받는다는 핵심 메시지를 가지고 있습니다. 이 책의 저자는 매우 명확합니다. 모든 순간에 간결함이 묻어납니다. 모든 일이 그래요. 미팅이 있다면 정각에 만나고, 끝날 시간을 1분의 지체도 없이 지킵니다. 그렇게 자신의 자리를 구축해나갔죠. 책을 관통하는 핵심 주제이기도 하고 그분이 항상 하는 말씀이 있습니다. "아닌 것은 지워버려라." 피터 드러커도 비슷한 주장을 합니다. "혁신을 위해서는 폐기가 선행되어야 한다. 쓸데없는 곳에 단 1분도 쓰지 말아라."

관계에서 실망을 주고 싶지 않아서 거절하지 못하는 분들이 많습니다. 거절의 관계적 속성을 끊어내야 합니다. 그래야 더 큰 일, 더 제대로 된 일, 서로에게 더 만족스러운 일을 할 수 있습니다. 거절한다는 건 반대와는 다른 이야기입니다. 반대하는 것이 아니라 나에게 맞지 않는다고 선언하는 것이기 때문이죠. 용기를 내 거절할 줄 알아야 약속을 지킬 수 있는 힘이 생깁니다.

거절만큼 용기가 필요한 일이 또 없습니다. "그에게 절대로 거절하지 못할 제안을 할 거야." 이탈리아 시칠리아 섬

의 마피아 대부를 둘러싼 실화를 바탕으로 만들어진 영화
〈대부 I〉에 나오는 대사입니다. 거절하지 못하는 제안은 없
습니다. 거절하지 못하는 마음이 있을 뿐이지요. 당신은 오
늘 무엇을 거절하셨나요?

"

용서라는 건 성숙한 인격을
가진 사람과 조직만이
할 수 있는 고차원적인 행위지만,
용기를 내면 어렵지 않은
행위이기도 합니다.

"

용서하는 용기

용서는 나를 위해 한다

진실로 시간이 귀한 줄 아는 현명한 자는
용서함에 있어 지체하지 않는다.
왜냐하면 용서하지 못하는 불필요한 고통으로 말미암아
헛된 허비를 하지 않기 때문이다.
— 새뮤얼 존슨

인사팀에서 근무할 때의 일입니다. 그때 저는 1년 차였는데 신입사원 채용을 담당했었습니다. 인사팀의 업무니 당연하겠지만, 저도 신입이라 좌충우돌하는 상황인데 신입사원을 채용하려니 기분이 이상해지더군요. 그래도 맡은 일이니 최선을 다해 열심히 임무를 완수해냈죠.

자잘한 업무들을 배우고 익히고 실행해나가던 어느 날, 조금 큰 임무가 주어졌습니다. 하반기 공채 채용에 본격적으로 투입됐습니다. 1년 차에 주 책임자로 공채 업무를 맡게 된 거죠. 2개월가량 서류를 받아 필터링하고 각 부서의 검토를 받은 뒤, 통보하는 과정을 잘 끝냈습니다. 물론 주업무자는 저였지만 각 단계별로 과장, 팀장, 부장, 임원의 컨펌이 있어야 했습니다.

잘 마무리하고 대표이사님의 컨펌까지 완료되어 최종인원이 확정됐습니다. 신입사원 교육을 위해 필요한 장소를 섭외하는 것도 제 몫이라 재빨리 연수원도 예약했습니다. 마지막으로 합격자들에게 연락해야 하는데 대표이사님께서 서류에 사인을 하지 않아 합격 발표를 미뤄둔 채로요. 저는 좋은 소식을 빨리 전하고 싶어서 조심스럽게 팀장님에게 물었습니다.

"대표이사님 컨펌도 나고 서류상 사인만 없는 건데 어쩔까요?"

"해도 될 거 같지? 그래 해. 어차피 진행해야 하는 일인데."

"네, 알겠습니다."

바로 합격자들에게 메일을 전송했습니다. '귀사에 합격하신 것을 축하합니다. 연수원에서 뵙겠습니다.' 좋은 소식을 전하려니 무척 설렜습니다. 인사팀이라는 곳이 무척 매력적으로 느껴졌습니다. 그런데 그 설렘과 행복은 오래가지 못했습니다. 사장님께서 갑자기 채용 서류를 반려하신 겁니다. 말 그대로 갑자기 마음이 바뀌신 거죠. 지금까지도 그 이유는 잘 모르겠습니다. 분명히 뭔가 중요한 이유가 있었 겠죠. 하지만 손바닥 뒤집듯 뒤집어버리다니. 인간적인 실 망이 밀려왔습니다. 사장님을 어떻게 봐야 할지, 과연 앞으 로 보스를 믿고 계속 일을 해나갈 수 있을지 머릿속이 복잡 했어요. 하지만 오래 고민할 겨를이 없었습니다. 수습해야 했으니까요.

충격을 추스르고 반나절쯤 지나 통보했습니다. '정말 죄 송하다, 오류가 있었다, 모두 나의 불찰이다'라고 구구절절 사과의 말을 쓴 메일을 보냈죠. 이번엔 마음이 어찌나 참담 하던지요. 안 좋은 소식을 전하는 것이 얼마나 힘든 것인지 새삼 깨닫게 되는 순간이었죠.

하나의 업무를 진행하면서 이렇게 양극단의 감정을 경험 하다니, 참 별일이 다 있다고 생각했습니다. 한편으로는 회 사라는 조직에 대한 부정적인 감정이 밀려들었고요. 어쨌든 죄송한 마음을 담아 사과 메일을 보내는 것으로 일단락될 줄 알았습니다. 며칠 후 채용 취소자들이 고용노동부에 진 정을 넣었다는 연락을 받았습니다. 이 또한 제 실수였죠. 한 명 한 명 같은 말을 반복하기 괴로워 단체 메일로 묶어 보 낸 것이 화근이었습니다. 서로의 메일 주소를 공유하게 된 그들은 함께 모여 행동하기로 했던 것입니다. 출두명령서가 대표이사 자택으로 전달됐고, 이 사실을 인사팀보다 대표이사가 먼저 알게 되는 불상사까지 벌어졌습니다.

아, 일이 더 커져버리고 말았죠. 회사 안이 발칵 뒤집어졌습니다. 사내에서 당시 저는 키워볼 만한 썩 괜찮은 신입사원이었습니다. 그런데 순식간에 공공의 적이 되어버렸어요. 채용 예정자들에게 연락할 것을 동의했던 과장님, 팀장님, 부장님 누구 한 명 제 편을 들어주지 않았습니다. 오히려 왜 대표이사 사인이 떨어지지도 않았는데 연락을 했느냐며 나무라더군요.

너무 깜짝 놀랐습니다. 제 실수는 인정하지만 그들이 그렇게 아무것도 모른다는 듯 행동하는데 기가 막혔어요. '그만두어야 하나? 나 같은 사람 하나 없어진다고 회사에 큰일 나지 않겠지. 그런데 그만두는 것이 책임을 지는 일일까?' 종일 머릿속이 정리되지 않은 채 혼돈에 휩싸여 제정신이 아니었죠.

그런데 과장님께서 양심에 찔리셨는지, 아니면 제가 안쓰러웠는지 채용 취소된 한 명 한 명에게 전화를 하기 시작했습니다. 뻔한 얘기지만 이러신다고 해결되는 건 없다. 아마 최익성만 책임을 지고 이 회사에서 사라지게 될 거다. 이걸 바라는 건 아니지 않느냐며 설득했습니다. 진정을 취하해 달라고 하니 숙고 끝에 만나자고 하더군요. 저는 무릎 꿇는

심정으로 그 자리에 나갔습니다. 회사와 상관없이 정말 용서를 빌어야만 한다고 생각했어요. 제 실수로 그분들의 소중한 기회와 시간을 날려버린 것에 대해 어떤 변명도 할 수 없었습니다. 그저 '죄송하다, 미안하다' 용서를 비는 게 맞았습니다.

하필 그날 비가 엄청 내렸습니다. 우산을 쓰고 약속 장소로 가면서 '용서해주지 않아도 어쩔 수 없다. 역지사지, 나라고 해도 용서하기 힘들 것이다. 그러니 기대하지 말자'라고 다짐했습니다. 거추장스러운 우산을 잘 털어 꽂이에 넣고 긴장된 마음으로 슈트에 떨어진 빗방울을 털어냈습니다. 고개를 돌려 안을 들여다보니 면접을 안내하며 만났던 제 또래의 얼굴들이 보였습니다. '용서받지 못해도 어쩔 수 없어.' 다시 한번 주먹을 꽉 쥐고 다가갔죠.

걱정과 달리 그들은 이미 용서를 한 듯했습니다. 온화한 표정이었어요. 20명을 대표해 나온 3명은 20개의 도장을 꺼냈습니다.

"어떻게 이런 결정을 하셨어요. 감사합니다. 면목이 없게 됐어요. 다시 한번 죄송하다는 말씀 드립니다."

"최익성 씨도 저희와 비슷한 또래인데 끝까지 가면 최익성 씨만 불이익을 받겠죠. 회사는 아무런 영향이 없을 거고요. 우리가 원하는 건 그게 아니거든요. 그냥 다 같이 액땜

했다고 생각하고 더 좋은 회사 가자고 마무리했어요."

내 또래라지만 한두 살 어렸던 후배들이 어른으로 보였습니다. 그들은 이미 용서할 용기를 가지고 있었던 거죠. 반면 어떤 보상도 없이 뒷짐 지고 모른 척만 하는 회사는 잘못을 인정할 용기도 없고 용서 받을 용기도 없어 보였습니다. 그 둘의 태도가 너무 극명하게 비교되었습니다. 그때 양쪽의 태도는 앞으로 내가 어떤 태도로 살아야 할 것인가에 대한 기준이 되고 있습니다.

용서는 성숙한 사람 혹은 조직만이 할 수 있는 고차원적인 행위입니다. 어렵지만 자꾸 용기를 내서 더 나은 사람이 되도록 해야 합니다. 또 한편으로 용서받을 용기도 가져야 합니다. 잘못하고도 모른 척, 하지 않은 척, 거짓말하기는 쉽습니다. 그러다 보면 용서받을 기회조차 놓치게 되죠. 그럴 땐 잘못을 인정하고 용서를 구하는 것도 용기입니다.

"

불편한 일을 자주하면
자극이 옵니다.
자극을 자주 줘야 근육이
생겨나는 것이죠.
뇌도 몸도 자극을 받아야
더 튼튼해집니다.

"

수용하는 용기

오늘을 고치지 않으면 내일이 다를 수 없다

인간을 바꾸는 방법은 세 가지뿐이다.
시간을 달리 쓰는 것, 사는 곳을 바꾸는 것, 새로운 사람을 사귀는 것.
이렇게 세 가지 방법이 아니면 인간은 바뀌지 않는다.
— 오마이 겐이치

"인간은 고쳐 쓰는 게 아니야."

드라마 속 단골 대사입니다. 이상하게 드라마 속 악역들은 조금 바뀐 듯하다가도 다시 제자리로 돌아오곤 합니다. 도대체 왜 저러는 건가 싶지만 우리들도 다르지 않습니다. 작심삼일이라는 말이 괜히 나온 게 아니겠지요. 아주 대단한 결심이 아니라면 원래의 습관과 태도를 바꾸기 어렵습니다. 이 책에서 내내 용기에 대해 이야기하는 것을 듣고도 용기 한번 내기 어려운 분들도 있을 겁니다. 이해합니다. 하지만 그렇다고 영영 용기를 내지 않고 살 수는 없겠죠. 어른이라면 무릇 갖춰야 할 게 용기이기도 하고요.

어떻게 해야 제대로 바꿀 수 있을까요? 일본의 경제학자 오마에 겐이치는 저서 《난문쾌답》에서 잘 변하지 않는 인간을 변하게 하는 방법 세 가지를 이야기했습니다. "인간을 바꾸는 방법은 세 가지뿐이다. 시간을 달리 쓰는 것, 사는 곳을 바꾸는 것, 새로운 사람을 사귀는 것. 이렇게 세 가지 방법이 아니면 인간은 바뀌지 않는다. 새로운 결심을 하는 건 가장 무의미한 행위다."

마지막에 언급된, '새로운 사람을 사귀는 것'에 대해 먼저 얘기해보겠습니다. 새로운 사람을 사귀라는 건 만나는 사람을 바꾸라는 것이죠. 내가 지금 만나는 사람 중 나보다 5살 많은 사람이 5년 후의 내 모습이고, 10살 많은 사람은 10년 후의 내 모습이라고 합니다. 그들의 평균 수입을 나누면 지금의 내가 되는 것이고요. 사람은 비슷한 사람들과 관계를 형성하는 습성이 있기 때문에 인생이 비슷하게 흘러갑니다.

세대별로 모이는 것도 이런 이유 때문이죠. 회식을 하면 처음엔 각 세대가 섞여 있다가 시간이 지나면서 은근슬쩍 세대별로 모여 앉게 됩니다. 뭐랄까요? 비슷한 사람들끼리 서로의 냄새를 알아본다고나 할까요? 시대 정서를 공유하면서 정서적 교류가 가능하고, 말이 통하니까 자연스러운 일일 겁니다. 나쁜 게 아니죠. 인간은, 아니 모든 동물은 조금 더 편안하고 안전한 곳을 찾는 습성이 있잖아요.

걱정스러운 건 이렇게 되면 늘 똑같은 화제와 비전에서 벗어날 수 없다는 겁니다. 변화하는 세상, 새로운 문화, 달라질 미래에 대해 좀 더 신선한 대화를 하고 싶다면 내가 모르는 걸 알려줄 사람들을 찾아다녀야 하겠죠. 물론 불편합니다. 나와 다르니까요. 같은 모국어를 사용해도 그들의 언어는 나와 다를 겁니다. 그래도 자꾸 어울리면서 다른 언어를 습득해야 합니다. 그래야 더 큰 세상으로 나아갈 수 있으니까요.

왜 어려서부터 영어 공부를 많이 시킬까요? 더 넓은 세상과 소통하게 하기 위해서죠. 리더들에게 20대 젊은 '친구'를 곁에 두라고 조언합니다. 반드시 '친구'여야 합니다. 친구는 위계가 없습니다. 자유롭게 서로의 영역을 넘나드는 것이죠. 좋은 친구는 말을 많이 하는 친구가 아닌, 잘 들어주는 친구라는 것도 잊지 말아야 합니다. 변화를 위해서는 나와 다른 사람들을 자꾸 만나서 이야기를 들어야 합니다. 수줍고 불편하고 귀찮더라도 말이죠.

두 번째, 사는 곳을 바꾼다는 것은 장소를 바꾼다는 의미이고, 여행을 떠나는 것으로 비교적 간단하게 해결됩니다. 여행을 떠나면 이 세 가지가 모두 충족됩니다. 사람, 장소, 시간 모두가 바뀌니까요. 하지만 매일 여행을 떠날 수 있는 사람은 거의 없을 겁니다. 매일 여행을 떠난다면 변화의 단초보다 그저 그런 일상이 되겠죠.

한창 회사생활을 할 때 어린 시절의 저를 아는 후배가 오랜만에 만난 자리에서 이런 말을 했습니다.

"형은 야생마인데 왜 목장에서 살아요?"

고등학생 때까지만 해도 자연을 벗삼아 바람처럼 살겠다고 했으니 그럴만도 하죠. 하지만 일을 시작하면서 저는 바람이 되겠다는 생각을 접고 돌처럼 살았습니다. 여름 휴가를 써본 적은 없지만 휴가를 간 적이 있긴 하네요. 갔다기보다 가려고 했다는 말이 맞겠군요. 스스로에게 변화를 주려면 여행을 가는 것이 장소, 시간, 사람을 다 바꿀 수 있는 가장 좋은 방법이라는 걸 알고 여행을 떠나기로 했습니다. 마침 여름이었고 사람들이 휴가를 떠난 덕에 도로도 한산했죠. 아침에 해변가에 어울리는 옷을 챙겨 입고 슬리퍼를 신고 차에 올라탔습니다. '그래! 오늘은 여행을 떠나보는 거야!' 신나는 음악도 틀었어요. 드디어 휴가를 가는구나!

스피커에서 흘러나오는 여름 노래를 들으며 운전을 해 회사 지하 주차장에 들어섰습니다. 그리고 준비해온 정장으로 갈아입고 구두로 갈아 신은 뒤 노트북 가방을 들고 회사로 올라갔습니다.

그게 무슨 여행이냐고 비웃을지도 모르겠지만 저는 그때 충분히 리프레시가 됐습니다. 매일 출근하던 길과 다른 길로 들어서서 새로운 길로 왔더니 정말 여행을 가는 기분이었어요. 바빠서 휴가를 낼 수 없을 땐 그런 식으로 나에게 변화를 주려고 했습니다. 다른 시간, 다른 공간으로 말이죠.

거창한 여행이 아니라도 내게 익숙하지 않은 장소에 자꾸 가보십시오. 힙지로가 유행이라면 그곳에, 성수동이 핫플레이스라면 그곳을 기웃거리세요. 내가 불편해서 그렇지, 아무도 뭐라고 하지 않을 겁니다. 우리 동네를 벗어나 옆 동네에서 식사를 해보는 것도 좋은 방법입니다. 가족들과 손잡고 다음 블록 새로운 골목에 진입해보는 겁니다. 조금만 더 걸었을 뿐인데 완전히 다른 세계가 펼쳐집니다.

그렇게 다른 장소를 탐방하면서 새로운 것들을 흡수하다 보면 안 보이던 것이 보이고, 알던 것은 더 섬세하게 느끼게 됩니다. 관찰력이 좋아져서 나 스스로를 들여다볼 수 있게 되죠. 변화의 시작이 바로 그런 나를 제대로 보는 것이 아닐까요?

시간을 달리 쓰는 것도 중요합니다. 예를 들면 퇴근 후 소파에 누워 유튜브 쇼츠를 보느라 불면증에 시달렸다면 당장 스마트폰을 내려놓고 명상을 시작하는 겁니다. 출근 시간 교통체증에 시달리는 것에 시간을 빼앗겼다면 조금 일찍 출근해 회사 근처를 산책하며 새로운 장소를 찾아 다녀 보는 것도 방법이고요. 퇴근 후에 새로운 걸 배울 수도 있고, 주말에 투잡을 뛸 수도 있습니다. 어떤 식으로든 기존의 생활패턴과 다르게 시간을 쓰면 삶의 리듬이 바뀌면서 당연히 변화가 찾아옵니다.

불편한 일을 자꾸 하면 자극이 옵니다. 자극을 자꾸 줘야 근육이 생겨나는 것이죠. 뇌도 몸도 자극을 받아야 더 튼튼해집니다. 낯선 것을 맞닥뜨리면 두렵습니다. 누구나 다 같아요. 나만 그런 게 아니니 마음을 조금 편하게 먹고 용기 내어 보세요. 익숙한 것을 내려놓는다면 분명히 더 즐겁고 새로운 것이 찾아올 것입니다.

"

마지막에 판단하고
마지막에 말할 줄 안다면
인생의 실수를 80퍼센트는
줄일 수 있습니다.

"

생각을 낮추는 용기

내가 틀릴 수도 있다

자기 말은 1분만 하고,
상대방의 말은 2분 동안 들어주고,
3분 동안은 상대방의 말에 맞장구 쳐준다.
— 데일 카네기

"내가 하는 말은 옳으면서 옳지 않다."

말장난 같지만 깊은 뜻이 숨겨져 있습니다. 의견을 낼 때 제가 스스로에게 거는 주문이기도 하고요. 한번 크게 따라 읽어보셔도 좋겠습니다.

"내가 하는 말은 옳으면서 옳지 않다."

내 말은 옳습니다. 하지만 옳지 않기도 하죠. 내가 누군가에게 이야기할 때는 옳습니다. 내가 가진 경험, 지식, 정보

중 가장 좋은 얘기를 전달하니까요. 내 안에서 옳다고 생각하는 말을 밖으로 선보이겠죠. 옳습니다. 그런데 또 한편으로 옳지 않습니다. 나는 세상의 모든 경험을 해보지 않았고, 모든 지식을 습득하지 못했으며, 모든 정보를 가지고 있지 않거든요. 다른 경험을 한 누군가에게 내 말은 옳지 않은 것일 수도 있죠. 이 두 가지를 늘 기억합니다. 이 둘은 반드시 함께 있어야 하기 때문이죠. 내가 옳다고만 생각하면 독선이 되고 옳지 않다고만 생각하면 주눅이 듭니다. 둘 다 삶에서 없으면 좋을 것들이니 기억하며 균형을 잡아야 합니다.

균형을 잡기 위해서는 귀를 열어야 합니다. 대부분 나의 옳음을 주장하느라 입을 열고 귀를 닫다가 균형을 잃거든요. 귀를 열어 경청한다는 건 내 생각을 낮추겠다는 용기의 시작입니다. 경청은 마지막에 말하는 법을 연습하는 일이기도 합니다. 마지막에 판단하고, 마지막에 말할 줄 안다면 인생의 실수를 80퍼센트는 줄일 수 있을 겁니다.

대기업의 대표이사를 하시고, 국내에서 가장 큰 연구개발 조직을 이끌었던 분이 계십니다. 제가 정말 존경하는 분입니다. 저만이 아닙니다. 1만 3천 명의 큰 조직에 속한 연구원들이 가장 존경하는 연구원이시죠. 용기를 실천하며 사시는 분입니다. 주말이면 아침 일찍 아내분과 꼭 교외 나들이를 나가신다는데요. 그 이야기를 들을 때마다 온전히 쉬는 용기에 대해 많이 배웁니다.

사장님과 저는 프로젝트를 하면서 인연이 생겼습니다. 그분이 다른 사람들과 특별히 다른 점은 질문을 많이 하신다는 것이었습니다. 자신의 주장을 말하기에 앞서 관련 사안에 대해 꼭 먼저 질문을 하셨습니다. 상대의 생각을 먼저 묻는 것이죠. 사람들의 의견 하나하나에 귀를 기울이시더군요. 자신의 의견과 판단은 늘 제일 나중이었습니다. 그 판단도 위계적 지시가 아니라 질문에 가까웠어요. 예를 들어 "나는 이렇게 생각하네"가 아니라 "이런 생각이 드는데 당신은 어떻게 생각하는가?"였죠.

어느 자리에서건 사장님의 발언점유율은 낮은 편이었습니다. 조직에서 높은 사람들과 동석했을 때 발언점유율 80퍼센트 이상은 가장 높은 직급의 사람일 경우가 흔합니다. 그런 분들은 자신이 가지고 있는 정보가 옳다고 확신하는 경우가 대부분이고요. 과거의 데이터로 현재를 재단하는 오류를 범하기도 합니다. 의견을 나눈다는 건 과거보다는 현재와 미래를 위한 일이 되어야 합니다.

사장님은 임원, 사원 가릴 것 없이 메시지와 질문을 던지기도 하십니다. "요즘 젊은 사람들의 생각이 궁금하다"면서요. "차 한잔하면서 얘기해줄 수 있을까요?" 정중히 부탁도

하시고요. 아마도 그러면서 케케묵은 과거의 정보가 아닌 살아 움직이는 최신 정보를 얻으셨을 겁니다.

여러 훌륭한 책에서 말하는 리더에게 필요한 첫 번째 리더십은 '상대와 나를 대등한 관계로 봐야 한다'입니다. 저는 생각을 낮추는 용기가 있어야 대등한 관계로 나아갈 수 있다고 믿습니다. 회사를 꾸리고 몇 년 지나 저는 제 리더십에 큰 문제가 있다는 걸 깨달았습니다. 회식 자리에 가도 상석이 자연스럽게 제 자리로 비워져 있었어요. 저는 한사코 구석 자리로 가겠다는데 멤버들이 원치 않는 눈치였어요. 처음에는 아주 근본적인 존재적 불편함일 거라고 생각했습니다. 그런데 깊게 생각해보니 우리가 대등하지 않기 때문이었어요. 편의를 봐주고 일하기 편한 제도를 만들고, 호칭을 편하게 이름으로 부르면서 대등한 관계가 됐다고 생각했는데 전혀 아니었죠. 호칭만 대등할 뿐, 여전히 저는 많은 것에 관여하고 돕고 대신 나서고 있었어요. 구성원을 보호해야 할 대상, 가르쳐야 할 대상으로 착각하고 있었던 것이죠. 전혀 대등하지 않았던 겁니다.

그때 멤버들과 나 사이에 위계가 있으니 수평을 이루려면 내가 낮추는 방법이라는 걸 깨달았습니다. 나를 낮추는 건 손해 보는 일이 아닙니다. 위에서 얻을 수 없는 더 생생한 경험을 하고 정보를 수집할 수 있습니다. 그것을 토대로 양질의 판단을 내릴 수 있고요.

　좋은 미래를 꿈꾼다면 조금이라도 빨리 자신을 낮추기를 권합니다. 하루라도 빨리 낮추는 것이 균형 잡힌 조직을 만드는 데 큰 도움이 될 것입니다. 개인에게는 물론이고 말이죠.

☞ 관계를 망치지 않는 작은 태도 ☜

반응해라, 좀

상대가 말할 때 고개를 끄덕여라. 목을 움직인다고 부러지지 않는다. 눈도 좀 마주쳐라. 먼 산 보고 있지 마라. 휴대전화도 그만 봐라. 심지어 주식이랑 SNS를 보고 있다면, 제발 꺼라. 끼고 있는 팔짱과 꼬고 있는 다리를 풀고, 상대를 향해 몸을 기울이며 시선을 고정하자. 나는 당신의 얘기를 경청하고 있다고, 나는 당신의 이야기가 궁금하다고 입이 아닌 몸과 눈으로 표현하자. 악플보다 무플이 최악일 때가 있지 않은가. 무반응도 마찬가지다.

발언점유율을 낮춰라

그만 좀 말해라. 주옥 같은 명문이 쏟아져서 상대가 메모하기 바쁘게 만들 수 있는 통찰적 메시지가 아니라면 제발 입 좀 닫아라. 했던 말 또 하고, 돌려서 또 하고 지겹다. 아니라고? 상대가 내 말을 끄덕이며 메모하기 바쁘다고? 아니다. 낙서 중이거나 유체이탈 상태로 당신이 지겹게도 즐겨 쓰는 단어를 옮겨 적을 뿐이다. 말이 길어진다는 건 두려움과 조바심이 가득하다는 반증이다. 간결하게 전달해야 자신감과 확신이 전달된다.

하지만, 그만 좀, 하지만

이제 막 말을 끝낸 상대와 다른 의견을 가지고 있을 때, 당신은 이런 접속사로 말을 시작하지 않는가? 하지만, 그러나, 그럼에도 불구하고, 그런데…. 그렇다면 줄여라. '하지만'과 같은 접속사는 상대의 말을 무의미하게 만든다. "역시 훌륭합니다. 참 좋습니다. 그리고…." 이렇게 시작해도 반대 의견을 충분히 전달할 수 있다. 때로는 치열하게 토론해야 한다고? 괜찮은 결론을 만들어내는 치열함에서 빠지면 안 될 것이 '상대를 존중하는 작은 태도'다.

2부
결과에 대한 용기

COURAGE

배움을 가지고 용기를 가지고 살아가면,
그리고 다른 이들보다 열심히 일한다면
시간이 걸릴 뿐 그 열매를 반드시 손에 쥘 수 있을 것입니다.

조앤 롤링

당신은 당신의 일을
사랑합니까?

"노력은 존중받을 가치가 있고, 절망에서 출발하지 않고도 성공에 이를 수 있다. 실패를 거듭한다 해도, 퇴보하는 것처럼 느껴질 때가 있다 해도, 일이 애초에 의도한 것과는 다르게 돌아간다 해도, 다시 기운을 내고 용기를 내야 한다."

반 고흐가 동생 테오에게 보낸 편지에 썼던 내용입니다. 가끔 고흐에 대해 생각하곤 했습니다. 사는 내내 제대로 된 주목 한번 받지 못했던 그는 어떻게 계속해서 그릴 수 있었을까? 그 힘은 어디서 나온 것일까?

거의 유일한 후원자였던 동생 테오와 나눈 편지에 쓰여 있는 "다시 기운을 내고 용기 내야 한다"는 문장을 보고 알게 됐죠. 비록 사후에 받은 인정이지만 전 세계가 그의 그림을 알 수 있게 된 건 사는 내내 용기를 냈기 때문이라고요.

좌절의 순간에도 절망의 순간에도 작은 기쁨의 순간에도 그는 용기 내 붓을 들었습니다. 용기 속에 탄생한 결과물들이 인류의 마음을 어루만지고 있는 것이죠.

2부에는 좋은 결과를 얻기 위해 필요한 용기들을 정리했습니다. 우리가 용기를 내는 궁극적인 이유는 결국 좋은 결과, 그것이 일이든 관계든 삶이든 무엇이든 좋은 결과를 내기 위한 것이라고 생각합니다.

2부에는 시작마다 두 가지 질문을 던졌습니다. 읽기 전에 나는 어떤 사람에 속하는지 생각해보는 시간을 가져보면 좋겠습니다. 나의 현재의 위치, 자세, 태도를 직시하고 나면 용기에 대한 이야기가 훨씬 직접적으로 와닿을 겁니다.

결과를 내기 위해 필요한 용기는 어떤 것이 있을까요? 좋은 결과, 나은 성과를 내기 위해 어떤 용기를 내야 할까요? 일할 때 결과보다 내 일을 가치 있게 만드는 과정이 필요합니다. 모든 사람이 자동차에 대해 품평을 하고 떠들지만 정작 그 안의 엔진에 대해 제대로 이야기하는 사람은 많지 않습니다. 다 안다는 듯 이야기하는 건 모르기 때문에 그럴 가능성이 큽니다. 내 일을 제대로 아는 건 나밖에 없다는 자신감으로 일의 가치를 찾아나갔으면 합니다.

"당신은 일을 사랑합니까?"라는 질문을 받으면 "예, 그렇습니다"라고 대답할 수 있나요? 질문을 바꿔보겠습니다. "당신은 당신의 일을 사랑합니까?"라고요. 자신이 자신의 일을 좋아하지 않고, 사랑하지 않고, 의미 없다고 생각한다면 도대체 누가 그 일이 가치 있는 것이라고 인정해주게 될까요? 2부에서는 일에 대한 것을 다룹니다. 탁월한 결과를 추구하고, 실제 탁월한 결과를 내기 위한 치열함에 대해서 얘기합니다. 탁월, 치열, 노력, 열정, 도전, 시도 같은 단어들이 구태가 되지 않았으면 하는 바람입니다.

"

좋은 결과를 위해서는
바로 시작하는
용기를 내야 합니다.

"

시작하는 용기

시작이 반이 되려면 말을 멈춰야 한다

시작하라.
그 자체가 천재성이고 힘이며, 마력이다.
— 괴테

새로 산 오븐에 냉동시킨 빵을 굽다가 아내가 답답해했습니다. 5분을 돌렸는데 전혀 구워지지 않았다면서요. 5분은 토스트기를 사용할 때 설정했던 시간이었습니다. 토스트기는 빵을 넣고 5분 후면 잘 구워져 나왔으니까요. 잠시 고민하던 아내는 오븐 속의 빵을 뒤집어 5분을 더 돌렸습니다. 그제야 먹음직스럽게 빵이 구워졌죠. 아내는 뭔가를 깨달았다는 듯 말했습니다. "예열! 예열이었어!"

빵의 양면에 열선을 밀착해 바로 굽는 토스트기와 달리 오븐은 전체 공간을 데우며 열을 올리기 때문에 예열의 시간이 필요했던 겁니다. 빵을 굽는 기능은 같지만 두 기계의 메커니즘이 다르다는 걸 알게 된 것이죠. 토스트기가 고장 났을 때 오븐이 있으니 굳이 살 필요가 있겠냐고 하던 아내는 바쁜 아침 시간에 작은 해프닝을 겪은 후 말했습니다. "아무래도 토스트기를 다시 사야 할까 봐. 아침은 시간을 단축하는 게 관건인데 오븐 예열하는 것까지 기다릴 수 없을 것 같아."

여러분은 오븐 같은 사람인가요, 토스트기 같은 사람인가요? 그러니까 예열이 필요합니까, 바로 일을 시작할 수 있습니까? 바쁜 아침 시간이라고 가정해볼게요. 구워진 빵이라는 동일한 결과물을 낸다고 가정했을 때 당신은 어떤 사람과 일을 하고 싶나요?

일을 하다 보면 예열시간이 20분, 길게는 1시간씩 걸리는 사람들이 있습니다. 화장실도 다녀와야 하고, 담배도 한 대 피워야 하죠. 아침에 커피를 마시지 않으면 정신이 들지 않으니 커피도 한잔해야 하고요. 인터넷 창으로 지난 밤 일어났던 뉴스들을 한번 훑고, 밤새 새로운 세일이 시작된 건 없는지 장바구니 목록도 살핍니다. 친구 녀석은 아침에 눈이 일찍 떠지는데 1시간을 침대 위에서 보낸다고 해요. 스마트폰을 들고 SNS를 살피고 영상 한두 개를 보다 보면 1시간이 지나는 건 금방이라면서요. 특히 겨울엔 날도 춥고 바로 하루를 시작하는 게 싫어서 그렇게 자꾸 미루게 된다고 말이죠. 저는 친구의 말에 낭비되는 시간이 너무 아깝다고 했습니다. "그럼 너는 눈을 뜨면 바로 이불 밖으로 나온다고?"

제가 했던 대답은 "Yes." 눈 뜨자마자 바로 이불 밖으로 나와 하루를 준비하고 시작하는 건 쉽지 않습니다. 어떤 의미에서 용기가 필요한 일이기도 합니다. 달콤하고 안락한 침대 속을 박차고 나갈 용기 말이죠. 그게 무슨 용기냐고 하겠지만, 잘 생각해보세요. 우리가 아침에 다시 새로운 날을 시작하기 위해 얼마나 큰마음을 먹는지 말입니다. 저는 매일 아침 용기를 냅니다. 그래야 하루의 일정을 차질 없이 소화하고 어제보다 조금이라도 나은 오늘을 만들 수 있으니까요.

우리에게 주어진 시간은 공평하게 24시간입니다. 자는 시간, 먹는 시간, 이동하는 시간 등등을 제외하면 하루 중 일에 몰입하는 시간은 8시간에서 10시간 정도죠. 그 시간 안에 할 일을 끝내면 문제될 것이 없다고 주장하는 사람들도 있습니다. 맞습니다. 스마트폰이 출현하기 전에는 그렇게만 해도 결과를 내는 데 큰 문제가 생기지 않았어요. 그러나 스마트폰으로 모든 것이 연결되어 있는 지금 시대는 다릅니다. 빠르게 전환하는 피보팅(Pivoting)이 필요합니다. 피보팅의 어원인 Pivot은 체육용어입니다. 몸의 중심축을 한쪽 발에서 다른 쪽 발로 이동시키는 것을 뜻합니다. 21세기의 중반을 향해가고 있는 지금 이 시대에는 피보팅, 무게 중심을 빠르게 전환할 줄 아는 사람과 기업의 시대인 것이죠.

빠르게 업무적 전환을 하려면 예열하는 시간을 줄여야 합니다. 바로 시작하는 용기를 가져야 해요. 오븐이 아닌 토스터기가 되어야 하죠. 아침 시간을 빠르게 시작할 수 있게 해주는 저의 용기 부스터가 있습니다. 눈을 뜨면 이부자리를 정리하고 아이패드를 꺼내 그날 만날 사람들의 이름을 씁니다. 컨설팅 업무, 출판 업무 모두 사람과 하는 일이기 때문에 하루에 만나거나 연락해야 할 사람들이 많습니다. 그들의 이름을 만나야 할 시간의 순서대로 적어 놓고 이름 옆에 만나서 해야 할 일들을 적습니다. 그러면 하루 일정이 머릿속에 세팅이 되고 일의 강도와 양도 가늠이 되죠. 상대가 나의 메시지나 답변을 기다려야 하는 시간도 줄어듭니다.

시간은 나에게만 중요한 게 아니라 나와 함께 일하는 누구에게도 소중하니까요. 함께 일을 한다는 것, 같은 프로젝트를 진행한다는 건 어떤 면에서 공동의 시간을 쓰고 있는 것입니다. 내가 맡은 파트의 일을 제대로 하지 않으면 다른 사람이 애써 들인 시간까지 어영부영 늘어뜨리게 되니까요.

물론 예열이 필요한 일도 있습니다. 하지만 우리의 일이라는 게 대부분 아침 시간의 빵과 같죠. 빨리 처리해서 성과를 내야 합니다. 예열이 너무 길어지면 일의 밀도가 떨어집니다. 시간은 줄어들고 일은 해야 하고 급하게 일을 처리하느라 허점들을 지나치기 쉽습니다.

바로 시작하는 용기를 내어 예열 없이 일을 시작하면 중간에 이슈가 발생했을 때 빠르게 피보팅할 수 있습니다. 시간이 충분하니까요. 빵이 너무 얇아 타버리더라도 얼른 새 빵을 갈아 끼울 수 있는 것이죠. 바로 시작하면 어떤 일이 벌어져도 대응할 수 있는 마음의 여유가 생겨 일이 더 부드럽게 진행됩니다. 여유 있게 진행한 일과 급하게 처리한 일은 결과가 확연히 다르기 마련이고요.

이 글을 쓰고 있는 요즘 플랜비디자인 팀은 어느 기업의 교육 프로그램을 개발하고 있습니다. 리더 교육 관련 프로그램인데요. 시나리오를 잘 만들어야 하는 작업이죠. 앞으로 3개월 안에 10개의 시나리오 샘플을 보여줘야 합니다. 저는 멤버들에게 3개월 동안 완벽한 10개를 만들 것이 아니라 완벽하지 않아도 좋으니 최대한 빨리 10개의 시나리오를 완성하라고 주문했습니다. 그리고 그것이 완성되면 클라이언트에게 바로 보내라고요. 클라이언트는 바로 피드백을 보낼 겁니다. 그렇게 보완하면서 약속된 3개월이 되었을 때 완벽한 10개의 시나리오가 탄생하겠죠. 만약 3개월이라는 시간을 생각해 예열을 하고 여유를 부리다가 약속한 날짜에 10개를 줬다고 해봅시다. 우리는 완벽하다고 생각하지만 상대가 그렇게 생각하지 않을 가능성이 있죠. 클라이언트가 100퍼센트 우리의 제안을 매력적이라고 생각하기는 쉽지 않으니까요.

결국 좋은 결과를 만들어내는 쉽고 빠른 방법은 시간을 확보하는 것입니다. 끝 그림을 먼저 그려놓고 그 그림을 어떻게 완성할 것인지 포인트를 찾아야겠죠. 모기업의 조직진단 프로젝트를 할 때 이런 일이 있었습니다. 플랜비디자인 멤버들은 조직진단이라는 것 자체가 다소 폭력적이라는 생각을 갖고 있습니다. 어떤 기준을 세워 개인을 진단한다는 것이 달갑지 않은 일이잖아요. 그래서 어떻게 하면 부드럽게 진단할 것인가를 연구했습니다. 개인의 존엄을 훼손하지 않는 진단지를 만들기 위해 애를 썼습니다. 어떤 기준을 세울 것인지에 집중했죠.

그런데 우리가 해야 할 일은 그것이 아니라 진단을 어떻게 해석해서 변화를 만들 것인지였습니다. 과정을 챙기는데 급급해 결과를 생각하지 않았던 것이죠. 핵심목표를 잊었던 겁니다. 결국 해석과 변화에 초점을 맞춰 다시 시작했습니다. 조금 돌아가게 됐지만 그래도 괜찮았어요. 우리는 예열의 시간을 아껴 바로 일을 시작했으니까요.

좋은 결과를 위해서는 양질의 시간이 필요합니다. 예열의 시간은 목표를 향하는 길에 큰 도움이 되지 않습니다. 바로 시작하는 용기를 내야 합니다. 온·오프 스위치를 잘 이용해야 합니다. 바로 일 모드의 스위치를 켜세요. 다시 말하지만 좋은 결과는 밀도 있는 시간 속에서 탄생합니다.

"

분노에 에너지를 쓰지 마세요.
그래야 진짜 실력을 보여줄
기회가 생깁니다.

"

참아내는 용기

인내는 많은 것을 가능하게 한다

추위에 떨어본 사람만이 태양의 소중함을 알듯이
역경을 경험해본 사람만이 인생의 존귀함을 안다.
— 단테

클레임, 일을 하면 어쩔 수 없이 마주치게 되는 반응입니다. 결과를 앞에 두고 받는 부정적인 피드백은 대체로 클레임이기 쉽습니다. 내가 만든 것은 나의 입장에서 청사진 같은 결과물이지만 상대의 청사진은 아닐 테니까요. 피드백하는 상대는 내가 고민한 시간보다 훨씬 적은 시간 동안 살폈을 테니 내 고민의 흔적까지 헤아리지 못합니다. 얼마나 고민해서 나온 결과인지 알지 못하죠. 그러면서 이런저런 새로운 안을 내놓습니다. 들어보면 이미 내가 생각해서 제외시켜 놓은 아이디어들도 포함되어 있곤 합니다.

이런 피드백을 받으면 정말 싫습니다. 기분 상하지요. 당신이 뭘 아냐고 따지고 싶어지기도 합니다. 그럴 땐 역지사지, 상대가 되어봅니다. 어쩌면 그에게는 당연한 일일 수 있어요. 제가 그 입장이었을 때도 분명히 그랬을 것이란 걸 상기합니다. 저 또한 결과를 내놓은 상대의 고민만큼 들여다보지 않고 판단했으니 말이죠.

결과를 내고 피드백을 받는 관계에서 나타나는 이런 현상을 1 더하기 1은 2와 같은 너무나 당연한 일이라고 생각해야 합니다. 갖은 노력으로 만든 내 결과물을 짧은 시간에 평가한다고 화내지 말고 용기를 내어 참으세요. 참으면 결과를 더 빛나게 해줄 보석 같은 의견이 쏟아질 겁니다.

결과를 건네 피드백을 받을 때는 끝맺음을 한다는 생각을 버리고 그 또한 결과를 향한 과정이라고 생각해야 합니다. 결과에 대한 평가는 실력의 평가가 아니라 과정의 일부라고 생각하면 마음이 편합니다. 어떤 피드백이라도 받아들이고 참기 쉬워지죠.

이 훈련이 되면 두 번째 참을 용기를 키워야 합니다. 새롭게 받은 피드백을 참고해 다시 한번 진짜 결과물을 위한 시간을 내는 데도 참는 용기가 필요합니다. 다 된 것을 새롭게 바꾸기 위해 참고 견디는 시간이 필수적이니까요.

코로나가 시작되고 사라졌던 컨설팅 의뢰가 1년 여쯤 지나니 다시 쏟아졌습니다. 회사의 모든 멤버들이 분주했죠. 반가운 일이었지만 일이라는 게 항상 그렇습니다. 없을 때는 이렇게 아무 일도 생기지 않는 건가 싶게 마음을 졸이게 하고, 또 쏟아질 때는 이러다 일에 짓눌리는 건 아닌가 싶게 넘쳐납니다. 코로나가 시작되었을 때 회사의 존폐를 염려할 만큼 조용했던 것이 무색하게 얼마 지나지 않아 모든 멤버가 달려들어야 할 정도로 일이 쏟아졌어요.

그중 두 개의 프로젝트가 난항을 겪고 있었는데요. 클라이언트의 피드백이 쓰라릴 정도로 따갑더라고요. 이러다 끝까지 가지 못하고 중간에 하차하게 되는 건 아닌가 걱정스러울 정도였습니다. 해결하지 못하는 상태에서 마지막 기회를 마주하고 있었죠. 결국 제가 그 두 개 프로젝트의 마지막을 맡았습니다. 구원투수로 나선 것이죠. 우려했던 일이 벌어지기 전에 상황을 전환시켜야 했습니다. 당시 아주 중요한 제안서를 마감하는 중이었지만 어쩔 수 없었어요. 일을 받은 것은 수요일이었고 마감은 다음 날 목요일 12시까지였습니다.

공교롭게도 두 개의 프로젝트와 제안서 마감이 겹친 것이죠. 낮 동안 잡혀 있던 미팅들을 끝내고 6시에 책상에 앉았습니다. 엄청나게 많은 일을 앞에 두고 가장 먼저 든 감정은 분노였습니다. 왜 이렇게 많은 일이 한꺼번에 내 책상 위에 올려진 거지? 화가 났죠. 양 자체가 주는 압박에서 벗어나는 데 두세 시간이 훌쩍 지났습니다(지금 생각하면 정말 아까운 시간입니다. 그러니 분노에 에너지를 쓰지 마세요). 화가 난 상태로 있다 보니 전혀 진행이 되지 않았던 거죠. 도무지 머리가 굴러가지 않더군요. 시간은 계속 줄고, 뒤늦게 깨달았습니다. 화를 낼 일이 아니구나, 내가 지금 해야 할 일은 참아내는 것, 참는 것, 이 상황을 참는 것이다.

용기를 내 폭발을 멈추고 참는 쪽을 택한 저는 그제야 정신이 번쩍 들었습니다. 일을 이 지경까지 끌고 온 멤버들을 탓하는 건 아무런 도움이 되지 않았습니다. 이미 지나간 일이고 되돌릴 수 없는 것에 괜한 힘을 쏟고 있었던 거죠. 내가 해야 할 일이 선명하게 보이기 시작했습니다. 남 탓, 상황 탓 하지 말고 실력으로 압도할 수 있는 결과물을 만들어낼 것.

남은 시간은 12시간. 그 안에 할 수 있는 최선을 다 하는 게 바로 내가 해야 할 일이었습니다. 결국 세 개의 일을 마감 안에 잘 마쳤고, 모두 좋은 결과를 얻었습니다. 만약 그때 참지 않고 화를 내는 데 온 힘을 쏟았다면 좋은 결과를 얻을 수 있었을까요? 아마 저는 셋 다 제대로 끝마치지도 못했을 겁니다.

어려운 문제가 닥쳤을 때 참아내는 사람이 있고 폭발하는 사람이 있습니다. 폭발할 때도 필요합니다. 무조건 참기만 하라는 이야기는 아닙니다. 다만 폭발한다고 일이 해결되지 않는다는 걸 알아야 합니다. 그럴 경우 결국 일이 중도에 끊어지고 말죠. 폭파된 다리를 건널 수 없는 것처럼요. 그러니 스스로 어디까지 참아낼 수 있는지 한계를 알고 그 끝까지 참아보아야 합니다. 용기를 내 그 한계를 조금씩 더 늘리고요. 그래야 진짜 자신의 실력을 제대로 보여줄 수 있습니다.

잘 참으면 잘 들리고 생각도 잘 열립니다. 참는 용기를 발휘해 최고의 결과를 얻어내시길 바랍니다.

"

**열심히 사는 모두가
성공하지 못하는 이유는
'시작'만 하기 때문입니다.**

"

끝맺는 용기

할 수 있을 때 하지 않으면, 하고 싶을 때 하지 못한다

인간은 끝까지 해내는 힘이 있느냐 없느냐로
칭찬 또는 비난받을 만하다.
— 레오나르도 다빈치

인생책을 꼽으라고 한다면 저는 《미움받을 용기》라고 말합니다. 미움받을 용기의 저자 기시미 이치로의 책 중 또 좋아하는 책은 《아무것도 하지 않으면 아무 일도 일어나지 않는다》입니다. 심리학자 아들러의 생각을 설명하는 강연을 엮은 것입니다. 아들러의 팬이자 아들러를 이토록 쉽게 설명해주는 기시미 이치로의 팬이기도 한 터라 출간되자마자 탐독했습니다.

제목부터 제 마음을 자극한 이 책은 역시 기대를 저버리지 않았습니다. 그중 특별히 마음에 와닿았던 것은 '무엇이 주어졌느냐가 중요한 게 아니라 주어진 것을 어떻게 활용하느냐이다'라는 것과 '불안해서 할 수 없는 것이 아니라 하고 싶지 않기 때문에 불안한 감정을 지어낸 것이다'라는 것이었고요.

사실 아무것도 하지 않으면 아무 일도 일어나지 않는다는 이야기에 무릎을 치는 사람들이 많습니다. '아, 그래! 그동안 내가 성장하지 못했던 건 행동하지 않아서였어! 자, 이제 뭐라도 시작해보자!' 뜨겁게 피가 끓고 앞으로 성장할 스스로에 대한 기대에 부풀어 새로운 일을 도모합니다. 새로운 프로젝트를 제안하고, 새로운 제도나 정책을 건의하고, 새로운 조직문화를 위한 설계를 시작합니다. 넘치는 의욕과 세상이 자신을 위해 열린 것 같은 기분으로요.

많은 스타트업도 이렇게 시작합니다. 기존에 없던 청사진을 그리면서 자신들의 비즈니스가 사회에 어떤 좋은 영향을 끼칠 수 있는지 설파하죠. 아무것도 하지 않는 사람들은 아무 일도 이뤄내지 못하지만 성큼 한 발 내디뎠으니 무엇이든 할 수 있을 거라고 큰소리를 칩니다. 하지만 적지 않은 수의 스타트업이 시작했을 때의 결기와 달리 긴 시간 답보

상태로 머뭅니다. 처음 생각했던 대단한 변화를 일으키기 전에 태풍의 눈이 사라져버리고 말죠. 혁신은 사라지고 평범만 남는 것입니다. 그러다가 에너지가 고갈되면 결국 무너집니다. 그렇게 역사 속에 사라진 스타트업을 쉽게 떠올리실 수 있을 겁니다.

비단 스타트업의 이야기만은 아닙니다. 우리 스스로를 한 번 돌아봅시다. 과연 호기롭게 시작한 일의 끝맺음을 얼마나 했는지 말입니다. 시작이 반이라는 이야기, 아무것도 하지 않으면 아무 일도 일어나지 않는다는 말을 잘못 해석해 시작만 창대했던 경험이 누구나 있을 겁니다. 모두 열심히 살고 있는데 모두가 성공하지 못하는 이유는 '시작'만 있기 때문입니다.

사업을 시작하려 할 때 저에게도 그런 아이디어가 있었습니다. 경력단절 여성과 은퇴 남성들에게 일자리를 제공한다는 아이디어였죠. 매일 아침 은퇴 남성들이 신문의 이슈를 정리해 데이터를 보내면 경력이 단절된 여성들이 아이를 학교에 보낸 뒤 데이터를 받아 녹음을 하는 겁니다. 그렇게 일목요연하게 텍스트와 음성으로 정리된 뉴스를 각 대학의 취업센터에 납품한다는 그럴듯한 계획이었습니다.

이 아이디어는 시작만 있고 끝을 내지 못했습니다. (스스로 생각하기에) 빛나는 아이디어만 있었을 뿐 실현 가능하기 위한 기술적인 부분, 재정적인 부분까지 생각하지 못했으니까요. 물론 팟캐스트도 없고 유튜브도 막 떠오르던 시절이라 생각할 수 있었던 아이디어였습니다. 지금이라면 말도 안 되는 시대에 뒤처진 낡은 생각일 뿐이지요.

그때는 왠지 시작만 하면 대박이 날 것 같았죠. 왜 여태까지 아무도 이걸 하지 않았나 싶었어요. 뭔가를 시작하실 때 이 생각을 꼭 함께하셔야 합니다. '왜 지금까지 누구도 이런 일을 하지 않은 것일까!' 아무도 생각하지 못했을 수도 있지만 실현 불가능하거나 비즈니스로 매력이 없기 때문일 수 있어요. 특수한 경우를 제외하고 거의 모든 일에는 시작만큼 중요한 게 맺음입니다. 대부분 끝맺는 용기가 부족해서 성공의 경험을 하지 못합니다. 버티고 부여잡는 힘이 있어야 합니다. 마지막 순간까지 처음에 가졌던 마음, 동기, 용기를 지켜내야 합니다. 그래야 결과를 얻을 수 있으니까요. 어쩌면 이렇게 마지막까지 용기를 낸 사람들이 세상을 바꾸는 건 아닐까요?

양준혁 선수의 은퇴경기를 기억합니다. 마지막 배트를 휘둘렀고, 평범한 내야 땅볼 타구에도 양준혁 선수는 1루까지 전력 질주하는 모습을 보여줬습니다(사실 선수 시절 내내 그랬습니다). 끝까지 포기하지 않고 놓지 않은 것이죠. 공을 맞추는 순간 직감적으로 알았지만 미리 재단하지 않고 일단 버티며 끝까지 갔습니다. 아름다운 장면이었어요.

"우리의 창의와 열정은 계속됩니다"라는 문구가 백지에 크게 들어가고 사원들의 이름만 나열된 광고 기억하시나요? 국내 3위 스마트폰 제조사였던 팬텍이 파산을 앞두고 마지막으로 실었던 광고입니다. "우리의 창의와 열정은 계속됩니다" 아래 쓰여 있던 문장. "지금 팬텍은 멈춰 서지만 우리의 창의와 열정은 멈추지 않습니다. 팬텍을 사랑해주신 모든 분을, 우리는 잊지 않겠습니다"와 직원 한 사람 한 사람의 이름이 적힌 광고는 뭉클한 감동을 가져다주었습니다. 아름다운 마무리로 기억합니다.

저는 일을 하는 우리 모두에게 이런 아름다움이 필요하다고 생각합니다. 마지막까지, 끝까지 해보는 것. 작은 일이라도 맺음을 확실하게 하다 보면 계속해서 불리는 사람이 됩니다. 시작을 하는 사람은 많지만 맺음을 잘하는 사람은 생각보다 많지 않습니다. 때문에 맺음을 잘한다는 건 하나의 경쟁력이 될 수 있습니다.

2009년이니까 15년 정도 컨설팅 업계에서 일했습니다. 감사하게도 2009년 처음 시작할 때 함께했던 분들이 아직까지 연락해 함께 일할 것을 제안해줍니다. 당시 사원, 대리, 과장님들이 어느새 임원이 돼 찾아주는 것이죠. 그분들과 일하면서 제가 철저히 지켰던 것은 바로 이 끝맺는 용기였습니다. 일하는 중간중간 포기하고 싶고, 다시 하고 싶고, 돌아가고 싶을 때마다 어떻게든 마지막을 경험하겠다는 생각으로 용기를 내 앞으로 나아갔습니다.

'최후의 만찬'이라는 작품을 본 다빈치의 친구가 "자네는 천재야! 이렇게 잘 그리는 사람은 없을 거야!"라고 말하자 레오나르도 다빈치는 불같이 화를 내며 "내가 밤낮으로 노력하는 것을 보면 감히 천재라고는 못 할 거야!"라고 말했다는 이야기가 있습니다. 끝까지 해내는 용기는 최근 모든 분야에서 중요합니다. 당신은 끝까지 부여잡고 해내는 사람인가요?

"

때를 맞춰 행동할 용기를 갖기 위해선
결단을 내릴 줄 알아야 합니다.

"

때를 맞춰 행동하는 용기

결정이 늦으면 결단해야 하는 순간이 온다

결단을 내리지 않는 것이야말로 최대의 해악이다.
— 데카르트

매일, 매순간 계획을 세우지 않아도 뼈대가 되는 인생 계획을 미리 세웁니다. 회사 안에서 제 역할의 마지막 역시 정해두었습니다. 2026년 12월 31일 17시로 마무리하는 것이 제 계획이자 목표입니다. 굳이 지면에 남겨두는 이유는 스스로에게 한 번 더 상기시키기 위해서입니다. 앞으로 남은 시간 후회 없이 열심히 달리라는 의미로요.

끝도 정해 놓았겠다, 경영의 생리를 잘 알고 있겠다, 웬만

해서는 흔들리지 않지만 정말 크게 휘청거린 시절이 있었습니다. 아마 우리만이 아닌 우리나라, 아니 전 세계의 기업들이 모두 같은 시절을 겪었을 겁니다. 전혀 예측하지 못했던 전염의 시대, 예방약도 치료제도 없던 코로나라는 역병이 쳐들어왔던 바로 그 시기, 저희 회사 역시 쉽지 않은 시간을 견뎌야 했습니다. 2019년 데스밸리를 잘 지나자마자 터져버린 불가항력의 사건은 조금씩 우리 조직과 성장을 갉아먹고 있었지요.

사실 멤버들에게 티를 내지 않으려 애썼지만 저는 거의 패닉 상태에 가까웠습니다. 멤버들에게 불안이 전달될까 봐 제대로 말하지도 못한 채 전전긍긍하며 두려운 날들을 보냈죠. 시간이 지난다고 나아진다는 보장이 없었으니까요. 그때 저는 멤버들을 만날 때마다 물었습니다.

"앞으로 우리 어떻게 하면 좋을까요?" "새로운 일을 찾아야 할까요? 새로운 일이라면 어떤 분야가 좋을까요?" "컨설팅이나 출판 노하우를 살려 우리가 할 수 있는 게 무엇일까요?" 그럴 때마다 멤버들은 심사숙고해 대답해주거나 자신이 찾아본 미래 예측 등의 정보를 알려주었습니다. 그리고 우리는 답을 찾을 수 없는 긴 토론을 하곤 했죠. 당시 묻고 답하고 묻고 답하는 그 행위는 저의 불안을 달래는 유일한 방법이었어요.

코로나가 시작되고 두어 달 후였을까요? 마스크 속 공기가 후덥지근하게 느껴지던 늦봄이었습니다. 사람들이 마스크를 쓰고 모두를 의심하며 지내던 그 시기였죠. 썬(회사 멤버 모두 영어 이름을 사용합니다)이라는 멤버와 식사를 마치고 음료를 사러 가는 길이었어요. 저는 답답한 마스크 너머로 또 똑같은 질문을 건넸습니다. "우리 이제 어떻게 하면 좋을까요? 앞으로 뭘 해야 할까요? 회사를 계속 할 수 있을까요?"

그때 썬이 마스크 위로 눈을 반짝이며 단호하게 답했습니다. "다니엘(제 영어 이름입니다), 이제는 결정해야 할 때 같아요. 우리가 어떻게 해야 하는지, 어떤 방향으로 나가야 하는지 어느 누구도 가르쳐주지 않고 어떤 방향으로 튈지 몰라요. 이 상황을 누구도 먼저 겪지 않았고 모두가 같은 위치에 놓인 거죠. 이렇게 아무것도 모를 때는 대표가 결단을 내려야 하는 것 같아요. '이렇게 합시다'라고 방향을 말해주면 동의하는 사람들은 남고 동의하지 못하는 사람들은 떠나겠죠. 일단 결단을 내리고 동의하지 않는 사람들은 설득해보고 안 되면 통보를 하시면 되지 않을까요? 그렇게 하면 멤버들이 각자 자신의 자리에서 판단해서 움직일 거예요."

멤버의 말에 고개를 끄덕일 수밖에 없었습니다. 두말없이 동의되었어요. 저의 자리는 불안을 잠재우기 위해 듣고 싶은 답이 나오도록 같은 질문을 던지는 자리가 아니었어요. 대표라는 자리는 두려움에도 불구하고 결정해야 하는 자리였습니다.

피하고 싶었습니다. 문제와 맞닥뜨려 마주하고 결정을 내릴 용기가 나지 않았던 거죠. 용기 낼 생각은 하지 않고 요리조리 문제를 피하면서 해결되기를 기다리고 있었던 겁니다. 바보 같은 일이었죠. 저는 즉각 실천했습니다. 문제를 직원들에게 털어놓고 이야기했고, 발전 방향을 제시했습니다. 다소 현실적인, 조금은 소극적인 계획을 마음에 들어 하지 않는 직원들도 있었지만 대부분 의견을 같이 했고요. 눈치 보지 말고 진작에 할 말을 했어야 하는데, 짧은 후회가 스쳤습니다.

때를 맞춰 행동하는 건 정말 큰 용기입니다. 누구도 언제가 가장 좋은 때인지 알려주지 못합니다. 일정 부분의 책임과 불안은 감수하고 내게 맞는 때에 결단을 내려야 합니다. 그래야 어떻게든 마무리가 됩니다. 좋은 결과를 내든, 아쉬운 결과를 내든 결론이 나죠.

때를 맞춰 행동할 용기를 갖기 위해서는 결단을 내릴 줄 알아야 합니다. 탁월한 리더는 의견을 들을 때 의견을 듣고,

결단을 내려야 할 때 결단을 내립니다. 애석하게도 리더 대부분은 이걸 거꾸로 하고 있고요. 들어야 할 이슈는 결단해서 통보해버리고, 결단이 필요한 이슈는 눈치를 보며 이렇게도 저렇게도 못하죠. 저도 처음엔 좋은 리더들과는 다른 정반대의 리더였습니다. 들을 때 결단하고, 결단할 때 듣고만 있는 리더 말이죠.

사람들은 친근하고 쉬운 일에는 말이 많습니다. 뭐든 참견하려고 합니다. 연예인들의 가십, 정치 이슈, 비교적 이해하기 쉽고 보편적 영역의 지식은 뭐든 달려듭니다. 나도 대충 아는 이야기이기 때문에 내 판단이 옳다는 나만의 믿음을 가지고요. 하지만 자동차, 엔지니어링, 의료나 과학 등의 전문 영역 이야기에는 좀처럼 대꾸하지 않습니다. 잘 모르거든요. 그러니 사람들의 의견에 너무 휘둘리지 말고 자신의 분야에서 자신만의 때를 찾아야 합니다. 사람들이 주는 의견은 스스로 쉽다고 생각해 자신의 아집을 강요하거나, 전혀 모르는 분야에 대한 불편함이기 쉽습니다.

스스로 용기를 낼 때를 찾는 것이 가장 좋습니다. 모든 일은 타이밍이라는 말이 있습니다. 때를 안다는 건 타이밍을 놓치지 않는 것입니다. 때를 맞춰 행동하는 건 불안 요소가 짝꿍처럼 따라붙습니다. 너무 걱정하지 마세요. 결정하면 결정에 맞추려고 노력하는 것이 인간입니다. 코로나 따위에 굴복하지 않고 절대 망하지 않겠다고 결정을 내리니 그러지 않기 위해 최선을 다하게 됐습니다. 일로 좋은 결과도 내고 커리어도 쌓았습니다. 저도 해냈으니 여러분도 가능할 겁니다.

"

실수에 관대하지 못하면
실패를 허용하지 못합니다.

"

관대함에 대한 용기

실수하는 사람은 빨리 배운다

길에는 언제나 모퉁이가 있고,
그 너머에는 새로운 세계가 펼쳐져 있는 법이다.
— 루시 모드 몽고메리

건설회사 조직문화 컨설팅을 할 때의 일입니다. 저희와
프로젝트를 할 때가 마침 새로 건설하는 아파트가 거의 다
지어질 무렵이었어요. 건설회사는 작은 실수가 큰 사고나
손실을 가져올 수 있기 때문에 조직문화 자체가 보수적이
고 엄격한 편입니다. 긴장하지 않으면 안 되는 업종이라 조
금 경직되어 있죠. 어떻게 하면 조금 더 유연하게 소통하고
생각하는 자율적 기업문화를 심을 수 있을지에 대한 고민

을 함께 나누며 한창 조직문화 개선을 하던 때였습니다.

새 아파트가 완공되어 홍보팀과 마케팅팀 등이 분주해졌습니다. 언론사에 보도자료를 내고, 홍보용 광고를 만들고 홍보 전단지도 만들었죠. 그때만 해도 스마트폰이 없을 때라 홍보는 주로 지면을 활용했습니다. 좋은 카피를 뽑고 멋진 사진을 찍어 만든 홍보 전단지가 꽤 괜찮은 마케팅 수단이었습니다. 회사 안이 분주하게 돌아가고 있던 그때 갑자기 비상이 걸렸습니다. 인쇄를 마치고 전 지역으로 이미 배포된 홍보용 전단지에 주소가 잘못 쓰였던 겁니다. 새로 지은 아파트가 아닌 기존에 지었던 단지의 주소가 그대로 들어간 것이죠. 다들 각자의 일을 하느라 정신이 없었던 터라 누구도 확인하지 못했던 겁니다.

마케팅팀 담당자는 새하얗게 질려 어찌할 바를 모르고 떨기만 했습니다. 그도 그럴 것이 아직 입사 초기였고 경험도 부족해 어디서부터 어떻게 수습해야 할지 몰랐던 거죠. 넋을 놓고 있을 수 없어 보고를 했고 발칵 뒤집어졌지만 어찌어찌 해결이 됐습니다. 노련한 상사들이 이미 배포된 것들은 어쩔 수 없이 포기하고 나머지를 수거한 뒤 다시 인쇄해서 재배포했어요.

해결은 됐지만 그 직원의 부서진 멘탈은 좀처럼 쉽게 해결되지 않았습니다. 몇 날 며칠을 괴로워했던 것 같아요. 프로젝트 진행 차 며칠 만에 회사에 들렀을 때 얼굴이 말이 아니더군요. 인사를 나누고 복도에 서서 차 한잔을 마시면서 슬쩍 이야기를 꺼냈습니다.

"너무 상심하지 말아요. 그럴 때도 있는 거죠."

"예, 뭐."

그는 약간 부끄러운지 이야기하기를 꺼리는 눈치였습니다. 하지만 그대로 보내면 안 되겠다는 생각이 들어 한마디를 더 얹었죠.

"몇 년 후, 아니 몇 달만 지나도 기억도 안 나는 일일 거예요. 이 정도로 상심하면 일에 대한 두려운 마음 때문에 앞으로 일하기 힘들어질 거예요. 어차피 회사 생활하실 텐데 툭툭 털어 내세요."

"고맙습니다."

희미하게 웃으며 대답을 마친 그는 일하러 떠났고 우리의 대화는 거기서 멈췄지요. 사실 회사 내에서 그의 실수를 어떻게 받아들였는지 정확하게 알지는 못합니다. 오래전 일이기도 하고, 내부 사정까지 세밀하게 알 수는 없으니까요. 다만 추측하는데 크게 회자되지 않고 넘어가지 않았을까 싶습니다. 그 문제가 아니더라도 충분히 바쁘기 때문에 실수 하나로 질질 끌 리 없고, 또 저희가 진행하던 프로젝트에 실수에 대처하는 방법에 대한 이야기가 있었으니 현명하게 정리되었을 겁니다.

일을 할 때 가장 관대해야 할 부분이 실수라고 생각합니다. 실수가 용인되지 않는 문화라면 작은 실수 하나가 트라우마로 남아 더 큰 역량을 발휘할 수 없기 때문이죠. 실수에 대한 트라우마는 더 큰 실수를 만들 뿐, 어떤 것에도 도움이 되지 않습니다.

스포츠 용어 중에 입스(Yips) 증후군이라는 게 있습니다. 골프 용어에서 시작됐는데 지금은 다양한 종목에 쓰이고 있죠. 사전적 의미는 '정신적 스트레스로 인한 돌발적 근육 경련 현상'입니다. 골프에서 퍼트할 때 실수에 대한 두려움으로 호흡이 빨라지며 손에 가벼운 경련이 일어나는 것을 말해요.

세계적인 골프 선수인 박인비 선수도 입스를 겪었습니다. 2008년 US오픈 우승 후 4년간 57개 대회에서 우승을 한 차례도 하지 못한 것이 입스 때문이라고 해요. 인터뷰에서 박인비 선수는 심리적으로 불안감을 느껴 부정적인 생각을 많이 하다 보니 공의 방향을 예측할 수 없는 분수샷이 났다고 밝혔습니다. 당시 잔디만 봐도 무서웠다고 합니다. 잔디와 늘 함께 지내야 하는 골프선수에게 잔디가 공포로 다가온다는 건 얼마나 괴로운 일이었을까요? 2008년 시즌 마지막 경기에서 기권한 것도 바로 입스 때문이었는데, 코치와 멘탈 트레이너의 도움으로 가까스로 입스에서 벗어날 수 있었습니다.

입스 증후군은 스포츠만의 일이 아니라고 생각합니다. 평범한 직장인들에게도 흔히 일어날 수 있죠. 입스 증후군에 시달린다면 아무리 뛰어난 실력을 갖췄어도 결국 마운드에서 내려와야만 합니다. 입스 증후군에 걸리지 않기 위해서라도 일을 하면서 작은 실수에는 조금 여유롭게 대처할 필요가 있습니다.

그런데 생각보다 작은 것에 긴장해 큰 것을 놓치는 분들이 많습니다. 제가 하는 일을 예로 들어볼게요. 컨설팅 일은 PPT를 만드는 일이 8할입니다. 기획안, 제안서, 보고서, 또 기획안, 제안서, 보고서 끝이 없습니다. 컨설팅 회사에 다닐 때 유독 오탈자에 민감한 사람이 있었습니다. 자신의 것에도 예민하지만 타인의 보고서에도 아주 엄격한 사람이었죠. 오탈자에 너무 에너지를 쓰는 게 아닐까 싶을 정도로요. 어떻게든 틀린 걸 찾아내고야 말겠다는 듯 샅샅이 살피고 있으면 "좀 대충합시다"라고 말하곤 했습니다. 일을 설렁설렁하자는 의미가 아니라, 작은 걸 보느라 큰 걸 놓치지 말자는 뜻이었죠.

오탈자는 고치면 됩니다. 클라이언트 임원에게 보고서를 가져갔을 때 오탈자를 지적하며 화를 내는 사람이 있다면 저는 오히려 안심합니다. 그것만 고치면 해결되니까요. 하지만 맥락을 얘기하는 사람 앞에서는 긴장합니다. 이건 전체를 다 손봐야 한다는 지적이거든요. 오탈자는 실수입니다. 오탈자(부분)와 맥락(전체)처럼, 실수와 더 큰 결과를 구분하세요. 그 둘은 엄연히 다릅니다.

실패가 허용되는 조직이어야 새로운 것을 시도하고 도전해 혁신에 가까워집니다. 실수에 대해 관대하지 못하면 실패를 허용하지 못합니다. 실수에 관대하지 못하다는 건 나 자신에게도 조직에게도 좋지 않은 영향을 줍니다. 꼭 일이 아니더라도 나든 타인이든 실수에 대한 관대함을 가지면 좋겠습니다. 작은 실수로 세상이 무너지지 않으니까요. 살아가는 과정에서 실수는 필수불가결한 요소이고, 그것을 얼마나 슬기롭게 잘 극복하느냐에 따라 삶의 질이 달라진다고 생각합니다.

실수 하나도 용납하지 않은 꼼꼼한 사람이어야 일을 잘하는 것 같고, 삶을 잘 사는 것 같은 느낌을 받을 수 있습니다. 세상이 우리에게 그렇게 가르쳤거든요. 학교 다닐 때부터 실수로 틀린 한 문제 때문에 큰일이라도 날 것처럼 호들갑을 떠는 교육을 받았습니다. 성인이 되어서도 마찬가지였고요. 이렇게 성장해온 우리들이 실수에 관대하다는 건 아주 큰 용기가 필요한 일일 겁니다. 힘들겠지만 용기를 내 조금 여유를 갖기를 권합니다. 실수에 살짝 무뎌지는 겁니다. 입스 증후군을 극복하는 유일한 방법은 '편안한 마음을 가지는 것'이라고 하죠. 릴렉스, 편안하고 여유로운 마음이 오히려 실수를 더 줄일 수 있습니다.

"

집착하는 용기를 내세요.
몰입의 황홀을 느끼세요.
승리의 경험을 획득하세요.

"

집착하는 용기

끝날 때까지 끝난 게 아니다

작은 일도 무시하지 않고 최선을 다해야 한다.
작은 일에도 최선을 다하면 정성스럽게 된다.
정성스럽게 되면 겉에 배어 나오고,
겉에 배어 나오면 겉으로 드러나고,
겉으로 드러나면 이내 밝아지고,
밝아지면 남을 감동시키고,
남을 감동시키면 이내 변하게 되고,
변하면 생육된다.
그러니 오직 세상에서 지극히 정성을 다하는 사람만이
나와 세상을 변하게 할 수 있는 것이다.
―《중용》 23장

모든 것이 완벽할 수는 없습니다. 아니, 완벽이라는 게 존
재하지 않습니다. 완벽한 점도 완벽한 원도 없지만 완벽을
추구하는 마음은 있을 수 있습니다. 결과로 가는 과정에 실
수가 생기더라도 실수를 티 나지 않게 잘 깁고 메워 다시

완벽을 향해 나아가려는 마음. 출발선에서 그 마음을 단단히 챙기면 어떨까요? 완벽을 추구하는 마음으로 시작하는 사람이 있고, 가다 보면 끝에 다다르겠지 하는 마음으로 출발하는 사람이 있습니다. 과연 어느 쪽의 결과물이 더 완벽에 가까울지 굳이 비교하지 않아도 짐작할 수 있습니다.

완벽한 것은 존재하지 않지만 그럼에도 완벽에 가까운 것을 만들어내겠다는 마음가짐을 가진 사람은 좀 더 치열하게 몰두합니다. 집착에 가까울 정도로 몰입하죠. 집착이라는 단어는 부정적인 뉘앙스를 풍기지만 어떻게 사용하느냐에 따라 득이 되기도 하고 실이 되기도 합니다. 내가 아닌 다른 생명체에 대한 집착은 실이 됩니다. 조심해야 할 일입니다. 그러나 일에서의 집착, 즉 존재가 아닌 외부 세계에 대한 집착은 나의 세계를 확장시키는 데 도움을 줍니다.

인게이지먼트라는 말 들어보셨나요? 영어 단어 Engagement는 약혼이라는 뜻으로 기억할 겁니다. 공부를 좀 더 열심히 한 사람이라면 약혼 외에도 약속, 고용이라는 뜻도 포함하고 있다는 걸 알고 있을 겁니다. 이 인게이지먼트는 요즘 조금 다른 의미로 쓰입니다. 권기범 교수의 저서 《인게이지먼트》에는 이렇게 설명이 되어 있습니다.

"인게이지먼트(engagement), 활력, 전념, 심취로 특징지어지는 긍정적이고 성취 지향적인 일과 관련된 심리상태를 말합니다. 최근 조직을 기반으로 한 연구에서는 주로 몰입이라는 단어로 해석되어 왔습니다."

권기범 교수의 설명처럼 조직문화를 말할 때 인게이지먼트는 일에 대한 몰입을 말합니다. 이 인게이지먼트는 일을 하는 데 반드시 필요한 요소입니다. 치열하게 몰입하고 집중해야 성과를 이룰 수 있습니다. 몰입의 경험은 아주 특별해서 한번 경험하고 나면 자신감이 붙고 자신도 모르는 새 불쑥 성장했다는 걸 알게 됩니다. 집착은 인게이지먼트로 가는 매끈하고 튼튼한 철제 다리의 역할을 한다고 볼 수 있습니다.

사람은 주변 환경에 지배를 받기 때문에 집중 시간이 길지 않습니다. 그래서 집착이 없다는 건 개울에 징검다리가 놓인 상태나 마찬가지인 것이죠. 듬성듬성 놓인 돌을 한 걸음씩 건너 뛰느라 몰입하기 힘듭니다. 하지만 집착이라는 도구를 이용하면 몰입한 채 튼튼한 다리를 쉬지 않고 달려갈 수 있습니다. 당연히 결과가 있는 건너편에 훨씬 빨리 도착하겠죠.

13년 만에 반가운 연락을 받았습니다. 저에게 흔히 있는 일인데요. 감사하게도 오래전 함께 일했던 분들이 잊지 않고 찾아줍니다. 이번에 연락주신 분은 당시 대리님이었는데 이제는 임원이 되셨더군요. 더 큰 사람으로 제 앞에 나타나실 때마다 묘한 감동을 받습니다. 신기하게도 더 큰 사람이 되어 연락하는 분들은 사원 시절 누구보다 일에 집착하고 몰입했던 분들입니다. 그분들의 일에 대한 집착과 사랑을 알기에 지금의 자리가 더 찡하게 생각되는 것 같습니다.

13년 전 그분과 일할 때 저의 집착도 만만치 않았던 기억이 있습니다. 저 또한 내세울 만한 레퍼런스도 없고 프로필도 대단치 않은 컨설팅 초년생이었습니다. 아직은 경험이 부족한 때였죠. PM으로 프로젝트를 맡았는데 잘 해낼지 염려가 된다는 연락이 왔습니다. 자존심이 무척 상했지만, 선배 PM의 이름 아래 제 이름을 넣은 제안서를 다시 만들었습니다. 티 내지 않으려고 애썼지만 얼굴도 마음도 화끈거렸습니다. 반드시 실력으로 압도하겠다고 다짐했죠.

그 프로젝트는 두 계열사가 통합되면서 새로운 비전을 찾는 일이었습니다. 유명 산악인과 이름이 같았던 대표님은 이름 때문인지 산에 대한 조예가 깊었습니다. 일 얘기를 할 때 산에 대한 비유를 많이 하셨어요. 각 지역 명산의 정상에 비교될 정도로 각자 국내 1등 제품을 보유한 회사들이 뭉쳤으니 이제 에베레스트에 도전해야 한다며 미션을 제시하셨죠. 저는 전 직원이 에베레스트 정상을 정복하듯, 세계 최고의 제품을 만드는 데 도움이 될 교육 프로그램 개발에 박차를 가했습니다.

당시 저는 에베레스트와 관련된 책, 다큐, 영화 등 모든 컨텐츠를 꼼꼼히 살폈습니다. 몇 날 며칠 서점을 들락거리며 책을 찾고, 도서관에서 자료를 서치하고, 밤늦게 퇴근해 잘 시간을 쪼개 영상을 챙겨봤습니다. 그걸 바탕으로 산악인들의 태도, 준비, 자세 등에 대해 연구하고 그것을 모티프로 리더십, 플레이어십, 팀십에 관한 프로그램을 짰죠. 3개월간 잠도 휴식도 모두 잊은 채 집착적으로 몰입의 시간을 보냈습니다.

프로젝트는 매우 성공적이었습니다. 대표님 이하 직원들 모두 아주 만족했습니다. 안팎으로 좋은 평가를 받고 미국에서 열리는 세계적인 컨퍼런스인 ATD에 소개되기도 했습니다. 반드시 실력으로 압도하겠다는 다짐을 이룬 것이죠. 그때의 짜릿함은 이루 말할 수 없습니다. 3개월간 반납했던 잠과 휴식이 전혀 아깝지 않았습니다. 그리고 계속해서 그런 경험을 하고 싶어졌죠.

글로벌 OTT 넷플릭스 프로그램 중 하나인 〈피지컬 100〉에는 피지컬로 빠지지 않는 좋은 체력과 몸을 가진 사람들이 나옵니다. 100명이 다양한 게임으로 겨뤄 단 한 명의 우승자를 가려내는 방송이죠. 그걸 보고 있으면 극한의 한계까지 자신을 몰고 가는 사람들을 봅니다. 탈진이 오기 직전까지 할 수 있는 최선을 다하는 그들을 보면서 힘들겠다고 걱정하는 사람들도 있지만 저는 압니다. 그들이 얼마나 큰 희열을 느끼고 있을지 말이죠. 적어도 인생에 몇 번은 이런 경험을 가져야 한다고 생각합니다. 그것이 다음 일로 연결되지 않더라도 적어도 인생에 한 번쯤 경험해볼 만한 좋은 추억으로라도 남으니까요(물론 대부분 커리어에 축적돼 좋은 결과로 이어집니다).

이 경험은 정말 중요합니다. 그 시절보다 조금 더 무르익은 지금의 저는 그 경험을 더 자주하기 위해 일을 프로젝트 단위로 쪼개곤 합니다. 프로젝트 하나를 큰 덩어리로 보면 끝이 언제 날지 몰라 중간에 지치기 쉽습니다. 그럴 땐 단기 목표를 세워 프로젝트를 작은 단위로 쪼개는 겁니다. 어떤 일을 하기 전에 관련 전문가와의 미팅이 있다면 그게 하나의 프로젝트가 되는 것이죠. 그 미팅을 몰입해 완벽하게 해내는 것이 저의 미션입니다. 그렇게 한 단계 한 단계씩 몰입하는 건 승리의 경험을 할 수 있는 가장 좋은 방법입니다.

집착하는 용기를 내세요. 몰입의 황홀을 느껴보세요. 승리의 경험을 획득하세요. 이것은 분명 여러분의 인생을 더 행복하게 해줄 겁니다.

"

나를 가로막는 벽은
내 의지와 상관없이 생깁니다.
그럴 때
벽 앞에 그냥 서 있는 건
아무런 도움이 되지 않습니다.

"

돌파하는 용기

길이 없다고 걷지 못하는 건 아니다

포기하지 마라.
진짜 인생은 아직 시작되지 않았다.
— 존 맥스웰

"이끌거나 따르거나 떠나거나."

CNN의 설립자이자 세계적 언론재벌인 테드 터너의 말입니다. 그는 이끌거나 따르거나 떠나거나(Lead, Follow, or get out of the way)를 좌우명으로 삼고 일했죠. 24시간 뉴스만 틀어주는 뉴스 전문 방송을 설립한다고 했을 때 주변에선 그에게 정신 나간 짓이라고 쓴소리했습니다. 누가 24시간 동안 뉴스만 보겠냐는 것이었죠. 사람들의 편견, 몰이해

의 벽 앞에서 그는 저 말을 되새겼습니다. "이끌거나, 따르
거나 그도 아니면 떠나라!" 그는 그런 마음을 가지고 수장
으로 진두지휘해 눈부신 성공을 거두었습니다.

일을 하다 보면 혹은 일을 하기도 전에 벽을 만납니다. 마
치 테트리스 게임처럼 막아도 막아도 계속해서 눈앞을 가
로막죠. 벽에 가로막히는 건 순리다, 어려움 없는 성공은 없
다고 생각하면 아주 쉽지만 사실 그게 잘 안 됩니다. 열심히
하고 있는데, 최선을 다하는데 나에게 왜 이런 시련이 닥칠
까 생각하고 좌절하게 됩니다.

벽 앞에서 그렇게 좌절하는 사람이 있지만 누군가는 부숴
버리기도 하고 누군가는 돌아섭니다. 높은 벽에 부딪혀 힘
들어하는 사람들을 보면 저는 묻습니다.

"벽의 높이가 얼마나 되나요? 두께는 어느 정도죠?"

눈에 보이지 않는 벽의 높이를 물으니 바로 대답을 못 하
고 머뭇거리고, 그런 질문 자체를 이상하게 생각하는 분들
이 있습니다.

"높이와 두께를 알아야 대책을 마련하죠. 손을 높이 올려
닿지 않을 정도면 벽을 부숴서 뚫어 버리세요. 중간 정도라
면 사다리를 준비하시고요. 아주 높고 두껍다면 도망가거나
돌아가는 것도 방법이겠죠."

높이와 두께에 따라 필요한 장비들이 다 다르기 때문에 벽의 높이와 두께를 아는 건 중요한 일입니다. 어느 정도의 어려움인지를 알면 필요에 따라 대처할 수 있습니다. 그러니까 대처해야 한다는 겁니다. 벽 앞에서 멈춰 서버리면 지금껏 달려온 길이 아무것도 아닌 게 되니까요. 뚫거나 넘거나 도망가거나 셋 중 하나라도 해야 합니다. 멈추는 것만 빼고요.

여기서 도망간다는 말은 내뺀다는 뜻이 아니라 우회하자는 말입니다. 다른 길을 찾는 거죠. 뒤쪽으로 가볼 수도 있고, 아예 옆으로 나가 새로운 길을 만들 수도 있어요. 벽 앞에서 죽는 것보다는 도망가서 새로운 살 길을 찾는 게 현명합니다. 그러니 도망쳐야 하는 벽이라면 도망치세요. 멈춰서 있는 것보다는 훨씬 나은 결과를 얻을 겁니다.

어떤 리더분이 임원이 되고 너무 힘들다며 토로하셨습니다. 대개 팀원들이 임원의 발자국 소리에 심장이 뛴다고 하죠. 그런데 이분은 팀원의 발자국 소리에 가슴이 두근거리고, 다가오는 게 너무 힘들다고 이야기하시더군요. 아니, 높은 자리에 있는 임원이 그런 생각을 할 수 있느냐고 의아하실 겁니다. 그런데 의외로 많아요. 리더의 자리는 고립된 자리라 외롭고, 무거운 책임감으로 정신적 스트레스가 굉장히

심합니다. 리더 중에 공황장애 진단을 받으신 분들도 있고 수면제 없이 잠들지 못하는 분들도 많습니다. 이분 역시 밤마다 약을 먹어야 잠이 드는데, 다행히 가족들이 이해해줘서 집에서는 안정을 찾는다고 하셨습니다. 아내분이 그만두라는 이야기까지 하셨다고요. 그런데 본인이 멈출 용기가 나지 않는다고 하셨어요. 저는 그분께 이렇게 말씀드렸습니다.

"우리가 일을 하는 이유는 '잘' 살기 위해서예요. 그런데 잘 살지 못하고 죽을 것처럼 힘들다면 멈추는 게 맞죠. 아니 멈추는 게 아니라 다른 길을 찾는 겁니다. 두근거리는 마음과 스트레스 때문에 가지고 있는 능력을 발휘하지 못한다면 이미 멈춘 것이 아닐까요? 책임을 감당하지 못할 정도면 차라리 벽을 넘어가세요. 돌아서 다른 길로 뛰어가세요."

마음이 온화하고 온순한 분들일수록 벽 앞에서 괴로움을 참으며 멈춰 서 있기 쉽습니다. 이 임원분 역시 인간적으로 아주 부드러운 분이셨죠. 사람이 좋다 보니 다 표현하지 못하고 혼자 걱정하는 것이 문제가 되는 것입니다.

반대의 경우도 있습니다. 아니, 오히려 더 많죠. 이번엔 어느 부장님의 이야기입니다. 부장이면 어느 정도 직급이 있는데도 상사를 잘못 만나면 매우 괴로운 시간을 보내야 하죠. 그분의 경우 새로 부임한 상무가 너무 함부로 대하고 있었습니다. 나이가 쉰이 넘은 부장에게 '야, 자' 하면서 막

대하더군요. 예의나 배려가 전혀 없었습니다. 그건 쿨한 것도 친근한 것도 아닌 그저 무례한 것이었죠. 저희 회사에서 프로젝트를 함께 진행 중이라 자주 봤는데, 어느 날 상무가 너무 억지스러운 지시를 내리니 좀 도와달라고 연락이 왔습니다. 회사에 들어가 부장님을 뵙고 말씀드렸죠.

"일대일로 만나서 대화를 나누세요. 무례한 점에 대해 사과받고 주의해달라고 부탁하셔야 해요. 계속 이렇게 지내실 수는 없잖아요."

"글쎄요. 일대일 대화라…. 저는 그 사람과 단둘이 마주 앉아 있는 걸 생각만 해도 가슴이 벌렁거립니다. 피하고 싶어요."

치가 떨린다는 게 어떤 건지 부장님의 눈빛에서 읽을 수 있었습니다. 대면해봐야 일이 해결되지 않고 더 큰 스트레스만 줄 것 같았어요.

"그러면 메일을 쓰세요. 쓰고 여러 번 읽으면서 감정을 최대한 누르고 사실관계만 일목요연하게 정리해서 의견을 전달하세요. 그렇게라도 천천히 생각을 얘기하고 할 말을 하셔야죠."

"메일 쓸 생각을 하니 이번엔 손이 떨리네요. 그래도 한번 해봐야겠죠."

부장이 된 나이에 그런 일로 스트레스를 받을 거라고 생각하지 못하셨을 겁니다. 모나지 않게 살면서 신망도 얻고 탈 없이 살았는데 뜻밖의 복병을 만난 것이죠. 인생이 이렇습니다. 내 마음대로 흘러가지 않아요. 그렇다고 포기할 수도 없으니 용기를 내서 헤쳐 나가야 합니다. 이래서 용기가 필요해요. 생각지 못한 어려움이 생각지 못한 곳에서 시도 때도 없이 닥쳐오는 게 인생이니까요.

이 글을 읽는 분들 중에도 비슷한 경험을 가진 분들이 많을 거라고 생각합니다. 세상엔 무례한 사람보다 온순하고 온화한 분들이 훨씬 많으니 말이죠. 벽은 내 의지와 상관없이 생깁니다. 테트리스와 같습니다. 나는 다 없애고 있다고 생각했는데, 계속해서 더 빠른 속도로 앞을 가로막죠. 이럴 땐 뚫거나, 넘거나, 도망치거나를 기억하세요. 그 상태에서 멈춰 서 있는 건 아무런 도움이 되지 않습니다.

멈추지 않고 어떻게든 나아가려 용기를 내세요. 그래야 '벽'이라는 문제가 해결될 테니까요. 벽은 절대로 움직여주지 않는다는 걸 반드시 기억하세요. 움직여야 하는 긴 바로 나, 자신입니다.

"

어떤 게으름은 나태함이 아니라
좋은 결과를 위한 휴식이 됩니다.

"

게으름을 끝낼 용기

게으름이 길어지면 나태해진다

완벽하지 않아도 괜찮아요.
빈 틈이 있으면 그 틈으로 빛이 들어오니까.
— 브레네 브라운, 《마음가면》

"몇 시에 일어난다고요?"
"3시 정도에는 일어납니다."
"새벽요?"
"새벽. 그리고 5시쯤 출근해요."
"새벽요?"
"네, 새벽."
아는 지인 중에 밤 10시 정도에 잠이 들어서 2~3시에 일어나는 임원분이 계십니다. 새벽에 다시 자려는 노력을 포기하고 바로 출근을 한다고 합니다. 세상에 새벽 4시, 5시 출근이라니요. 그 옛날 왕 회장님들도 그러지 않으셨을 것 같은데, 너무 이른 출근인 것이죠.

"그래서 출근하면 뭐 하시는데요?"

"사무실에 아무도 없고 나 혼자니까…."

"혼자니까요?"

"유튜브 봐요."

덤덤하게 말하는 임원분의 이야기에 빵 하고 웃음이 터졌습니다. 그럴 거면 차라리 집에서 더 자려는 노력을 하라니까, 불면을 극복하는 게 쉽지 않다고 하더라고요. 얄궂게 식사를 하고 오후 2시쯤 되면 잠이 쏟아지는데, 잠깐 잘까 싶어도 한낮에 잠을 잔다는 게 너무 게을러 보여서 애써 참는다고 했습니다. 그렇게 잠을 참고 다시 잠을 못 자고, 푸석한 얼굴로 저와 마주하게 된 것이죠.

새벽같이 출근을 하니 그 임원분은 과연 부지런한 걸까요? 하루 종일 몽롱한 상태로 일을 처리하면 게으른 걸까요? 저는 이도 저도 아니라고 생각합니다. 일을 잘 하기 위해 필요한 건 최상의 컨디션입니다. 최상의 컨디션을 갖기 위해서는 자신의 신체리듬에 맞는 방법을 찾아야 하고요.

새벽 3시에 눈을 뜰 수밖에 없다면 남들이 일하지 않는 새벽에 중요한 일들을 끝내야겠죠. 눈을 뜨고 있다고 깨어 있는 건 아니니까요. 깨어 있을 땐 깨어 있어야 합니다. 그렇게 에너지를 쓰고 오후쯤 고갈되면 잠깐 자는 것도 괜찮아요. 수면은 삶의 질을 높이는 데 아주 중요한 역할을 하니까요.

사람마다 생김이 다르듯 신체리듬도 같지 않습니다. 우리는 어쩔 수 없이 아침에 일어나 같은 시간에 출근하고 비슷하게 퇴근하는 시스템에 맞춰 살고 있지만, 누군가는 아침이 더 효율적이고, 누군가는 밤에 더 활발해지죠. 아침 일찍 일어나 해질녘까지 일하는 건 전형적인 농경사회의 시스템입니다. 지금은 4차 산업혁명 시대인데 말이죠.

코로나로 재택근무를 하게 되었을 때 집에서 비교적 자유롭게 시간을 쓴다고 해서 업무 효율이 떨어지지 않는 걸 많은 기업이 알게 됐습니다. 다시 농경 시스템으로 돌아왔지만, 이제는 자신에게 맞는 시간을 찾아 쓰는 지혜가 필요해요. 점심 식사 후에 낮잠을 잔다고 나를 게으르게 보면 어쩌지? 하는 걱정을 버리고 자신의 컨디션을 충전시켜줄 시간을 확보하세요.

게으른 것에 대한 강박을 내려놓아야 합니다. 인체는 기계가 아니기 때문에 24시간 ON의 상태에 있다고 일을 처리하지 않습니다. 깨어 있는 시간에 얼마나 집중하느냐가 일의 효율을 알려주죠. 저는 게으르다는 시선에 대한 염려와 강박을 내려놓는 편입니다. 회사에 다닐 때도 그랬어요. 3시쯤 짧은 쪽잠을 잤습니다. 그걸 게으르게 보는 상사들에게 핀잔도 많이 들었지만, 저 스스로는 게으르지 않기 위한 방편이었거든요. 남은 시간을 일에 몰두하기 위해 잠시 스위치를 끄고 충전하는 시간이 필요했죠.

게으르지 않기 위해 게을렀던 시간을 가진 덕에 더 좋은 결과와 성과를 냈다고 자신 있게 말할 수 있습니다. 오후의 쪽잠이 체력과 정신력에 좋은 영향을 미친다는 걸 알아서 지금도 오후에 이동하는 중간, 멍 하게 있거나 쪽잠을 잡니다. 많은 사람이 일할 때 영혼 없이 하고, 집에 들어가 영혼을 챙겨 넣는다고 하죠. 지각 한 번 없는 성실한 사람이지만 영혼이 없다면 게으른 직장인입니다.

물론 이불 밖은 위험하다며 이불 속에서 나오지 않는 진짜 게으름은 버려야 합니다. 이불에서 나오지 않는다는 건 아무것도 하지 않는 것이니까요. 일단 용기를 내 이불을 박차고 나왔다면 게으르지 않기 위해 게을러질 용기도 함께 내어보세요. 어떤 게으름은 나태함이 아니라 좋은 결과를 위한 휴식이라는 사실도 잊지 마시고요.

"
무릎 꿇는다고 연골이 나가지 않습니다.
인사하는 목은 잘리지 않습니다.
"

무릎 꿇는 용기

인사는 닳지 않는다

자기를 천하만큼 사랑하는 사람한테만 천하를 맡긴다.
— 노자

가랑이 아래서의 모욕이라는 뜻의 고사성어 과하지욕(跨下之辱)에 대해 들어보셨을 겁니다. 유방을 도와 한나라를 세우는 데 공헌한 한초삼걸 중 한 명인 한신은 숱한 고사성어를 남겼습니다. 우리가 잘 알고 있는 배수진(背水陣)과 사면초가(四面楚歌), 다다익선(多多益善) 등이 바로 한신으로부터 비롯된 것이죠. 이 외에도 한신하면 떠오르는 고사성어가 바로 '과하지욕'입니다.

젊어서 한신은 제 역량을 인정받지 못해 늘 방황하며 지냈습니다. 남루하고 허름한 차림에도 포부는 커서 항상 칼을 차고 다녔다고 합니다. 매일 이웃에게 밥을 빌어먹어 이웃이 밥 먹는 시간을 바꾸기까지 했다는 일화도 있고요. 그렇게 방황하던 시절에 한신은 주변으로부터 숱한 모욕을 받았습니다.

그중에서도 가장 큰 사건이 하나 있었죠. 자신들과 다를 바 없어 보이는 위인이 칼을 차고 다니는 게 거슬렸던 동네 건달이 시장에서 한신을 보고 시비를 걸었습니다. "네놈이 죽기를 두려워하지 않으면 나를 찌르고, 죽음을 두려워하면 내 가랑이 사이로 기어 나가라"고 한 것이죠. 장수가 될 꿈을 꾸는 피지컬 끝내주는 젊은 한신은 그를 한참 동안 바라봤습니다. 모두 숨을 죽이고 한신의 반응을 살폈죠. 한신은 고민 끝에 결정을 내렸다는 듯 비장한 얼굴로 몸을 숙여 건달의 가랑이 사이를 지나갔습니다. 저잣거리에서 좋은 구경거리가 났다며 몰려들었던 사람들이 혀를 차며 돌아섰습니다. 역시 '폼으로 차고 다니는 칼이었고, 겁쟁이였어'라고 비난하면서요.

이후 진시황이 죽은 뒤 한신은 고향을 떠나 항우의 군대에 들어갔다가 우여곡절 끝에 항우를 떠나 유방을 모시게 됩니다. 유방의 밑에서 인정받는 장수로 거듭나면서 개국공신이 되죠. 훗날 고향에 돌아가 그 건달을 불러온 한신은 이렇게 말합니다. "그때 너를 죽일 수 있었지만 꿈을 위해 참은 것이다. 너를 죽였다면 나는 살인자로 도망 다니는 신세가 되었을 테니까."

일을 하면서 자주 '과하지욕'을 떠올립니다. 자존심 그까짓 거 개나 주자는 게 제 주장입니다. 살아남아야 도모할 수 있거든요. 꼿꼿하다고 다 좋은 것이 아닙니다. 꼿꼿하기만 하다가 부러지면 다시 일어설 수 없습니다. 그러니 무릎을 아끼지 않겠다는 태도는 비굴한 게 아니라 현명한 일인 것이죠.

한신이 가랑이 사이를 지날 수 있었던 것은 '여유가 있어서'였습니다. 건달보다 자신이 위에 있다는, 언제라도 이길 수 있고 자신의 적수가 아니라는 여유 말이죠. 한신은 자신과 급이 다른 상대에게 한 수 물러난다고 해서 대세에 지장이 생기지 않는다는 걸 알았을 겁니다.

많이 보셨을 겁니다. 매 순간 지지 않으려고 안간힘을 쓰는 사람이 결과적으로는 지게 되는 경우가 있죠. 얻고 싶은 게 많으면 많이 줘야 합니다. 고개 숙이고 무릎을 굽히면 상대는 조금 더 마음을 엽니다. 그만큼 나에게 더 기회가 생기고요.

일을 할 때 한신의 용기를 가져야 합니다. 무릎 꿇을 용기죠. 그건 위 아래 다 같습니다. 궁극적으로 내 의견을 관철시키기 위해 상사의 의견에 무릎 꿇을 줄 알아야 하고, 후배의 잘못된 전진을 막기 위해 무릎 꿇을 줄 알아야 합니다. 간혹 의욕이 넘치는 플레이어들이 있습니다. 처음에 좋은 의미로 시작했지만 나중에 폭주하게 되는 경우가 종종 일어납니다. 자신의 신념이 너무 강해 무조건 옳다고 생각하기 때문이죠. 그럴 때 그것을 막아서기 위해 그 앞에 무릎을 꿇는 것도 선배나 리더의 역할입니다. 그럴 땐 채찍도 당근도 다 듣질 않거든요.

이런 경우도 있습니다. 모든 구성원에게 피해를 주는 플레이어라면 내가 무릎을 꿇어서라도 나가달라고 부탁해야 합니다. 어느 한 사람의 잘못된 신념은 관계의 문제를 넘어 결과에도 영향을 주기 때문이죠.

이쪽이든 저쪽이든 일단 유연해야 합니다. 자유자재로 무릎이 부드럽게 움직여야죠. 그 유연함이 일의 균형을 찾아주는 열쇠입니다. 견디기 힘들고 참을 수 없이 화가 날 때 과하지욕을 떠올리세요. 무조건 참으라는 게 아닙니다. 가랑이 아래를 지나며 심호흡을 하고 후일을 도모하라는 것이죠.

좋은 결과에 도달한다는 건 이처럼 지난하고 괴로운 과정
이 계속되는 여정입니다. 치사하고 자존심 상하는 일이 있
더라도 하나만 기억하세요. 과하지욕, 무릎 꿇을 용기. 결국
자신을 모욕했던 자들 위에 우뚝 섰던 한신처럼 인내심을
가지고 최선을 다한다면 잃어버린 줄 알았던 자존심을 더
큰 자존감과 함께 찾게 될 겁니다.

◆ 결과를 망치지 않는 작은 태도 ◆

'열심' 말고 '결과'를 보여줘라

어른은 일을 한다. 일은 결과로 얘기하는 것이다. 너무 각박하다고? 일의 세계에서 열심만 얘기하는 당신이 각박한 거 아닌가. 자기 중심적인 건 당신이다. 우리는 레고를 조립하는 아이가 아니다. 결과와 상관없이 "당신은 열심히 했잖아요. 잘했어요." 이런 달콤한 말만 듣고 싶다면 엄마를 찾아가라. 우리가 일하는 곳은 엄마집이 아닌 회사다. 존중을 받고 싶다면 결과를 보여줘라. 그게 속 편하다. 일을 하루 이틀 하는 것도 아니지 않은가. 세상 탓, 회사 탓, 상사 탓, 네 탓. 그 '탓'할 시간에 '성과'에 집중하자.

상대의 발등에 딱 떨어지게 공을 차라

상대는 10미터 앞에 있는데, 5미터 정도 가게 차 놓고 "네가 뛰어서 잡아야지"라고 말하지 말자. 내가 끝낸 모든 일은 누군가의 시작이다. 상대의 시작 앞에 딱 맞게 떨어뜨려 줘야 한다. 대충 차고 내 일은 다 했다고 뒷짐 지고 있지 마라. 아무짝에도 쓸모없는 그 거지 같은 문서 몇 장 보내고 다했다고 우기지 마라.

일 잘하는 사람을 존중하자

일 잘하는 법을 배워야 한다. 골프, 수영, 그림, 피아노, 그리고 재테크까지. 회사 밖에서 이것저것 배우기 위해 돈과 시간을 쓴다. 그러나 정작 그 돈과 시간을 만들어주는 일에 대해서는 배우려 하지 않는다. 안 배우는 것까진 괜찮다. 일을 잘해서 눈에 띄는 사람을 '노예'라 부르고 뒷담화하며 '돈 많은 사람'만을 동경하고 부러워하는 건 진짜 최악이다. 나의 일을 사랑하지 않고, 그 일을 함께하는 사람을 존중하지 않는다면, 원하는 긍정적인 결과와 미래를 만들 수 없다. 일단 일 잘한다는 칭찬을 자주 듣는 동료를 눈여겨보자. 당신이 볼 땐 쉽게 일하는 것처럼 보여서 배울 게 없다고? 그럼 그걸 배워라, 쉽게 일하는 것처럼 보이는 법. 해보면 알 것이다. 결코 쉽지 않다는걸.

3부
자신에 대한 용기

COURAGE

누구든지 한 가지의 능력은 가지고 있다. 그 하나의 능력은
오직 그만의 것이다. 틀림없는 사실은 어떠한 경우라도 주눅 들지 않고
씩씩하고 과감하게 그리고 꾸준히 도전해나가면
언젠가는 자신만이 가진 한 가지 능력을 반드시 깨닫게 된다는 것이다.
프리드리히 니체

'나다움'은 내 것만 지키는 방어기제가 아닙니다.
세상과 나 사이에 균형을 잡는 것을 의미합니다.

파워포인트로 예쁘게 문서를 만드는 게 유행이던 시절이
있었습니다. 그때 저는 텍스트로만 20페이지를 채워 만든
보고서를 제출했었죠. 회사에서 이제 함께 일하고 싶지 않
아서 이러는 거냐는 이야기를 들었습니다. 일하기 싫어서
일부러 어깃장을 놓듯 보고서를 만들었다고 오해를 한 것
이죠. 그때 저는 "함께 일하고 싶지 않아서가 아니라, 더 오
래 더 많이 일하고 싶어서입니다"라고 답했습니다.

국내에서 가장 큰 컨설팅 회사이니 우리가 바뀌면 다른
회사들이 따라올 것이고, 주도권은 우리에게 있다고 생각했
습니다. 예쁘게 보이는 데 시간을 쏟는 비효율적인 파워포
인트 작업에서 벗어나 본질을 찾아야 한다고 설득했습니다.
그렇게 조금씩 바뀌었습니다. 당시 회사의 제안서, 기획서,

보고서는 온통 텍스트만으로 가득했습니다. 도해하는 데 쓰는 시간을 연구하고 해답을 찾는 데 썼죠.

제가 운영하는 회사 멤버 중에 리더 타이틀을 가진 사람은 없습니다. 프로젝트별로 그때그때 리더가 결정되죠. 그 프로젝트에 가장 잘 맞는 사람이 리더가 됩니다. 본인을 잘 아는 사람은 자신에게 맞는 프로젝트를 이끌어나갈 기회가 자주 주어집니다. 자신에 대해 잘 모르면 남이 시키는 일만 하게 되겠지만요.

스스로를 잘 알아야 합니다. 성공을 위해, 성취를 위해, 성장을 위해서요. 하지만 사실 가장 어려운 것이죠. 큰 용기가 필요한 일입니다. 그래도 해야 합니다. 나를 알아야 남과의 관계도 균형을 잘 잡고, 좀 더 나은 선택을 합니다. 나를 알아야 나답게 결정하고 행동할 수 있습니다. 나는 어떤 것을 좋아하고 싫어하는지, 어떤 장단점을 가지고 있는지, 어떤 것에 강인하고 취약한지 등 나에 대해 잘 알면 용감하게 성큼 나아갈 수 있습니다. 실수도 실패도 줄어들 것입니다.

MBTI가 유행이죠. 사람의 성격을 16가지로 나눈다는 게 조금 비과학적이라고 느껴지지만 그런 것들을 따지기 전에 왜 MBTI에 열광하는지 생각해볼 필요가 있습니다. 코로나로 인해 소속감이 줄어들면서 비슷한 성향끼리 소속감을 느끼고 싶은 것도 이유이겠지만 무엇보다 내가 누구인지 알고 싶은 열망이 빚어낸 유행이 아닐까 싶습니다. 욕망은 커지고 환경은 따라주지 않는 요즘 나에 대해 알아야 그에 맞는 계획을 세울 수 있을 테니까요.

노파심에 첨언하면 나다움은 내 것만 지키고, 나만 상처 입지 않겠다는 방어기제가 아닙니다. 나다움은 세상과 나 사이의 균형을 찾는 일이죠. 어린 시절엔 나에 대해 잘 몰라도 괜찮았습니다. 어른들이 하라는 대로 따라가기만 하면 됐으니까요. 하지만 어른은 스스로 불을 밝히며 나아가야 합니다. 누군가가 비춰준 불빛을 따라 걷기엔 너무 커버렸어요. 용기 내서 자신을 마주하세요. 더 크고 넓은 길이 펼쳐질 겁니다.

"

나는 나를 모르는 것 같지만
사실 자신의 가능성과 한계를
가장 잘 아는 건 '나'입니다.
모른다는 건, 인정하기 두려운 겁니다.

"

정하는 용기

누군가를 설득하기 전에 자신부터 설득해야 한다

인생에서 원하는 것을 얻기 위한 첫 번째 단계는
내가 무엇을 원하는지 결정하는 것이다.
— 벤 스타인

나답다는 건 뭘까? 나는 과연 어떤 사람인가?

산업혁명 이후 제국주의가 세계질서로 자리 잡으면서 교육의 패러다임이 완전히 바뀌었죠. 깊게 고민하고 사유하면서 세상의 이치를 깨닫는 교육에서 획일적인 암기식 교육으로 변화했습니다. 식민지배를 하든 노동자들을 관리하든 지배를 공고히 하기 위한 일관된 시스템이 필요했습니다. 그 결과, 빠른 시간 안에 필요한 걸 주입하는 방식의 교육이 시작된 겁니다. 그렇게 인류는 지난 2세기 동안 아무 의심 없이 평균에 맞춰진 교육을 받아왔습니다. 얄밉게도 제국주의의 선봉에 서서 교육의 획일화를 가져왔던 선진국들은 그 부작용을 깨닫고 빠르게 태세를 전환하고 있지만, 우리의 경우는 조금 다릅니다. 세계무대에 뒤늦게 등장했던 탓에 성장을 위해 달리느라 여전히 지난 세기의 교육 방식을 버리지 못하고 있죠.

이런 환경에서 나, 나다움을 알지 못하는 건 어쩌면 당연한 일입니다. 나다움을 발견해야 하는 건 분명히 해야 할 일이지만 언제까지나 발견만 하면서 살 수는 없습니다. 어른이라면 적어도 발견하겠다는 핑계에서 벗어나야 합니다.

예전에 잘 알고 지내던 후배가 있었습니다. 아주 좋은 커리어를 가진 후배였어요. 네트워크를 전공해서 석사를 마치고 어느 연구소에 들어가 연구소 소프트웨어가 해킹되지 않도록 막는 일을 하고 있었습니다. 아주 뛰어난 친구였어요. 그런데 어느 날 메시지를 보내왔습니다.

'형, 답답해서 연락해요. 화장실에 다녀오다가 부장님과 마주쳤는데 아버지 가업을 물려받을 생각 없냐고 묻더라고요. 이게 무슨 의미일까요?'

후배의 아버지께서는 지방의 중심도시에서 꽤 큰 전파상

을 하셨습니다. 시스템 가전기기들을 고치는 게 주 업무이지만 오래 전부터 온갖 기계를 수리해주는 일을 하셨죠. 그러니까 후배의 부장은 후배에게 고향에 내려가 아버지의 전파상을 도우라는 말을 한 겁니다. 저는 다른 설명 없이 한마디를 남겼습니다.

'부장님이 옳다고 생각해.'

무슨 의미이냐고 물었는데 너무 생뚱맞은 대답 같지만 후배는 찰떡같이 알아듣고 메시지를 보내왔습니다.

'이래서 형이 싫어.'

네, 후배의 부장님은 후배에게 그만두라는 이야기를 돌려서 한 것이었고 후배는 알면서도 그게 아닐 거라는 답을 듣기 위해 저한테 연락한 것이었죠. 그런데 제가 원하는 답을 해주지 않고 부장의 의견에 동의한다고 하니 싫다는 소리를 할 만합니다. 알아듣고도 다시 물었을 때에는 다 이유가 있었을 테니까요. 저는 그 마음을 이해하면서도 단호하게 마지막 메시지를 보냈습니다.

'내가 싫은 게 아니라 상황이 싫은 거겠지. 상황에 대한 짜증을 나한테 돌리지 마.'

그리고 한 줄 더 덧붙였죠.

'아버지 일 물려받기 싫다면 좋아하는 일을 찾아서 해.'

그러자 한껏 풀 죽은 후배의 답변이 왔습니다.

'형, 나는 내가 좋아하는 게 뭔지 모르겠어.'

'10년 이상 공부했고, 마흔이 다 될 때까지 일하고 있는데 그게 좋지 않다는 거지?'

'좋은 줄 알았는데, 아닌가 봐. 내가 뭘 좋아하는지 아직도 못 찾겠어.'

후배의 말에 저는 메시지를 보내던 걸 멈추고 전화를 걸었습니다. 이런 중요한 얘기는 메시지만으로는 안 될 것 같아서요. 전화를 받은 후배와 간단한 안부를 주고받고 조심스럽게 본론으로 들어갔습니다.

"자꾸 찾아 헤매지 마. 아마 너는 발견하지 못할 거야. 마흔까지 찾지 못했다는 건 찾을 수 없다는 이야기이기도 해. 내가 너라면 찾지 않고 정할 거야. 내가 뭘 잘하는지, 뭘 해야 하는지, 나 스스로 정하는 거지. 이젠 정해야 할 때야."

어른이 되어서도 끝내 발견하지 못했다는 건 핑계에 가깝습니다. 발견하려고 하지 않았거나, 발견할 생각이 없었던 것이죠. 자신을 모르는 것 같지만 사실 자기 자신의 한계와 가능성을 제일 잘 아는 건 본인입니다. 알고 있지만 인정하기 두려운 것이죠. 스스로 정해놓은 설정 값이 너무 높아서일 수도 있고 다른 사람의 기대에 맞추다 보니 기준을 잃어버린 것일 수도 있습니다. 어쨌든 둘 다 용감하지 못한 태도입니다.

그날 전화를 끊기 전 후배에게 간단한 방법을 하나 알려 줬습니다.

"속상해하지만 말고 지금 깨끗한 노트를 하나 펼쳐. 노트 북이나 태블릿의 새 문서도 좋아. 아무것도 없는 백지에 하나씩 적어봐. 지금껏 살아오면서 칭찬받았던 것들, 남들보다 수월하게 결과를 내는 것들, 자꾸 관심이 가고 흥미로운 것들. 한눈에 보이게 적어 놓고 결정해. 앞으로 평생 해야 할 일이 뭔지. 어렵겠지만 용기 내야 해."

좋아하는 것이 없을 수도 있습니다. 그 또한 나쁘지 않아요. 그럴 수도 있는 겁니다. 저는 좋아하는 게 뭐냐고 물으면 지금 하고 있는 일이라고 대답합니다. 저는 일이 좋습니다. 일할 때 행복하고 아무리 힘들어도 일하는 동안 번아웃이 오지 않아요. 저는 그런 사람입니다. 특별히 싫어하는 것도 좋아서 열광하는 것도 없습니다.

사람은 다 다릅니다. 나의 한계와 가능성을 인정하기 전에 이걸 먼저 인정하셔야 해요. 사람은 다 다르다는 것. 획일화된 교육을 받아서 '평균'의 함정에 갇혀 살았지만 세상에 평균은 없습니다. 그냥 내가 있을 뿐이에요. 그러니 발견해야 한다는 강박에서 벗어나세요.

내가 좋아하는 걸 결정하는 일은 결국 나를 인정하는 일

과 같습니다. 이 작업은 자신에 대한 용기의 출발점이기도
하죠. 아직 진짜 자기 자신을 발견하지 못했다면 이제 용기
를 내서 정하세요. 자, 깨끗한 노트가 준비되셨나요? 펜을
들고 목록을 적어 나가는 순간, 용기 있는 새로운 삶이 시작
될 겁니다.

멀티버스를 다룬 스파이더맨 시리즈인 〈스파이더맨 뉴 유
니버스〉라는 영화를 보신 적이 있나요? 여러 유니버스에 있
는 스파이더맨들을 만날 수 있는 영화입니다. 여러 스파이
더맨 중 가장 신참인 스파이더맨인 주인공은 이제 막 각성
하여 슈퍼파워를 잘 다루지 못합니다. 그래서 평행세계에서
온 다른 스파이더맨들은 아직 어린 스파이더맨인 주인공을
방에 가둔 뒤 악당들과 싸우러 갑니다. 이때 절망하는 주인
공과 어른 스파이더맨은 다음과 같은 이야기를 나눕니다.

"When do I know I'm Spiderman(언제 내가 진짜 스파이더
맨이 된 걸 알 수 있나요)?"

"You don't. It's leap of faith(알 수 없어. 그냥 너를 믿고 뛰는
거지)."

맞습니다. 당신을 믿으세요. 당신이 옳았고, 옳고, 계속해
서 옳을 것입니다.

"

좋아하는 일을 정했다면
반대편 페이지에 화살표를 긋고
적어보세요.
그 일 뒤에 숨어 있는
싫어하는 것들을.

"

마주하는 용기

자기를 발견하지 못한 사람은 스스로를 함부로 대한다

좋아하는 것을 일로 삼고 싶다면
싫어하는 일을 감당해야 한다.
— 최익성 페이스북

제 아들 이야기를 잠깐 해볼게요. 아빠보다 친구가 좋을 나이라 이 책을 읽지 않을 가능성이 크지만 자기 얘기를 했다는 걸 알면 기분 나빠할지도 모르겠네요. 하지만 이보다 더 좋은 예가 없어서 아들 몰래 이야기를 남깁니다.

아들은 아주 어려서부터 축구선수가 되는 게 꿈이었습니다. 물론 지금은 아닙니다. 타고난 운동신경과 축구 재능을 가진 친구들을 보면서 생각을 바꾸더군요. 신체적으로 타고

난 친구들을 이길 수 없다고 판단한 것이죠. 지금은 축구를 베이스로 다양한 영역으로 자신의 꿈을 확장하고 있습니다. 축구 에이전트가 되고 싶다고도 했다가 심판이 되고 싶다고도 합니다.

문제는 그것들을 하려면 싫어하는 일을 해야 한다는 겁니다. 온 힘을 다해 운동장을 뛰는 생동감 때문에 축구가 좋은데, 에이전트나 심판 준비를 하려면 그걸 포기하고 앉아 있는 시간을 가져야 하잖아요. 결과가 어떻게 될지는 모르겠지만 나름의 심사숙고를 거치는 듯합니다.

충분히 고민하고 최선의 선택을 내리라고 말해줬습니다. 부모가 대신해줄 수 있는 선택이 아니니까요. 그리고 한마디 더 해줬죠.

"그런데 이걸 꼭 기억해야 해. 좋아하는 일에 싫어하는 일이 짝꿍처럼 따라와. 싫은 일을 해내야 비로소 좋아하는 일에 닿을 수 있는 거지. 좋아하는 축구를 하려면 힘든 훈련을 더 많이 해야 하는 것처럼."

예상대로 마지막 말이 끝나기 무섭게 아이의 방문이 닫혔지만 그래도 어쩌겠어요. 부모 마음은 한마디라도 더 하고 싶은데요. 그러고 보니 저도 하고 싶은 말을 하기 위해서, 하기 싫은 '잔소리'를 하고 말았군요.

모든 일은 이렇게 양가적입니다. 조금만 더 예를 들어볼 게요. 기업 컨설팅을 하면서 만난 아주 멋쟁이 팀장님이 있었습니다. 만날 때마다 나이가 느껴지지 않는 세련된 차림이 돋보였어요. 다른 직원 분들은 주로 무채색 슈트를 입었는데 그분은 같은 무채색이라도 타이 컬러나 행커치프의 유무로 슈트에 재미를 주더군요. 네, 마치 연예인처럼요. 헤어스타일도 범상치 않았는데, 이런저런 얘기 끝에 은퇴 후 꿈에 대해 듣게 됐습니다. 회사 일을 열심히 해서 임원으로 일해보고, 그 자리에서 은퇴하면 지금의 일과 전혀 다른 바버숍을 하고 싶다더군요. 어려서부터 공부도 잘했고, 어른들이 원하는 대로 좋은 회사에 취직해 일하고 있지만 자신은 아름답게 만드는 일이 적성에 맞는다면서요. 젊은이들도 즐겨 찾는 자그마하지만 근사한 바버숍을 운영하는 꿈을 꾼다고 상기된 얼굴로 이야기했습니다.

"헤어스타일이 멋지면 전체적인 모습이 달라지죠. 누군가를 멋지게 만들어주는 일, 너무 좋을 것 같지 않나요?"

"팀장님, 미용사 자격증도 취득하실 생각이세요?"

"그렇게까지 진지하게 생각하진 않았지만 필요하면 해야겠죠."

"생각보다 쉽지 않으실 텐데요. 머리를 깎는 것도 그렇지만 감겨주고, 청소하는 일이 만만치 않을 거예요."

"멋만 내고 있을 순 없겠죠. 하지만 지금은 꿈꾸는 단계니까 좋은 것만 생각하려고 합니다."

맞는 말입니다. 팀장님은 생각보다 오랫동안 회사에 있을 수 있고, 임원으로 은퇴하고 다른 곳의 스카우트 제의가 와서 계속해서 같은 일을 하실 수도 있을 겁니다. 바버숍은 그냥 생각만으로도 가슴 벅차던 어린 시절의 꿈 같은 것이겠죠.

하지만 꿈이 아닌 현실에서는 좋은 것을 위해 싫은 존재를 끌어안아야만 합니다. 옷이 좋아 옷 가게를 낸다면 새벽잠을 줄이고 동대문 시장에 나가 도매상을 상대해야 할 겁니다. 모델이 되고 싶다면 체중 유지를 위해 먹고 싶은 걸 참으며 살아야 합니다. 요리가 좋아서 식당을 차리면 설거지와 뒷정리, 청소와 임대료가 기다리고 있죠. 탐나는 새 프로젝트에는 실패 가능성이 도사리고 있기 마련이고, 좋아하는 업무가 있는 부서로 옮기면 인간관계를 처음부터 다시 시작해야 하죠.

좋아하는 일을 위해서는 싫어하는 일을 감당할 용기가 필요합니다. 좋아하는 일을 정했다면 반대편 페이지에 화살표를 그어 적어보세요. 그 일의 뒤에 숨겨진, 하기 싫은 것들을요. 그것에까지 에너지를 쏟을 마음의 준비가 됐다면 끝났습니다. 그것이 무엇이든 시작하면 됩니다.

"

소속이나 업무를 뺀
진짜 나에 대해 생각하는
시간을 가지세요.
그런 자신에 대해 이야기해보세요.

"

드러내는 용기

말하지 않으면 모른다

누군가 꽃을 가져다주기를 기다리지 말고
자신만의 정원과 영혼을 가꿔라.
— 베로니카 쇼프스톨

컨설팅을 하니 다양한 지역으로 출장이 잦습니다. 전국 각지 안 다니는 곳이 없죠. 컨설팅 진행 중인 기업 워크숍이나 세미나에도 참석해서 다양한 곳이 일터가 되곤 합니다.

이곳저곳 출장을 다니다 보면 지역만의 특색이 있습니다. 각 지방을 대표하는 도시의 이름이 써 있는 톨게이트를 지나는 순간 공기가 달라지죠. 건물의 배치나 컬러, 간판의 서체 등이 지역별로 묘하게 차이가 납니다. 그런 것들을 보는 게 재미있어서 새로운 도시에 들어서면 눈을 크게 뜨고 관찰합니다.

그 다른 와중에도 공통적으로 빠지지 않는 것이 있습니다. 바로 주인(주로 아주머니)의 이름을 딴 밥집이에요. 아무개 순댓국, 아무개 백반, 아무개 해장국, 아무개 손두부 등등 자신의 이름(가끔은 사진까지)을 크게 걸어놓은 가게들을 보셨을 겁니다. 프랜차이즈 레스토랑이나 평범한 이름의 가게는 스치듯 보고 마는데 이름 석자를 쾅, 하고 새겨놓은 가게들은 다시 한번 쳐다보게 됩니다. 사진을 걸어놓은 곳이면 혹시라도 사진 속 주인 아주머니께서 나와 계시지 않는지 찾게 되고요. 얼마나 자신 있길래 자기 이름을 걸고 하는지 궁금해지기도 하죠. 일부러 아무개 식당을 찾기도 합니다. 설마, 이름을 걸고 하는데 대충 하겠어? 그런 생각이 드는 거죠.

당당하게 자기 이름을 내건 간판들을 보고 나서 사람들을 만나면 기분이 이상합니다. 사람들 대부분은(저도 크게 다르지 않습니다) 자기 자신보다 소속을 먼저 소개하니까요. 'OO전자 OO사업부 누구입니다'라든가 'OO자동차 OO팀 누구입니다' 뭐 이런 식이죠. 저도 열에 아홉은 "최익성입니다"라고 소개하지만 가끔은 상대 소속의 권위와 기세에 "플랜비디자인 대표 최익성입니다"라고 말하기도 합니다.

우리는 일을 빼고 자신을 소개할 수 있는 준비가 되어 있는지에 대해 고민해야 합니다. 플랜비디자인의 대표이고 컨설턴트이며 강연자인 내가 아니라 순수한 나, 노란색을 좋아하고 남다르게 생각하는 것을 중요하게 생각하고, 바람처럼 살고 싶은 마음을 가진 최익성을 소개할 수 있느냐는 것이죠. 그러기 위해 자꾸 저를 들여다보고 살피면서 진짜 나를 드러내고 소개할 준비를 합니다. 플랜비디자인이라는 조직에 있지만 다양한 사람들을 계속해서 만나야 하는 프리랜서와 같은 일이거든요.

저와 같은 일을 하는 사람이 아니라면 살면서 자기소개를 할 일이 그렇게 많지는 않습니다. 조직에 있으면 익숙한 곳에서 익숙한 사람들만 만나기 때문에 자기소개를 자주하게 되지 않습니다. 대충 다 아니까요. 하지만 나를 제일 잘 소개할 수 있는 사람은 나입니다. 그러니 자꾸 새로운 환경에 자신을 노출시키려고 노력해야 합니다. 그래야 자꾸 나를 살피게 되니까요.

요즘 젊은 청년들에게 전화통화는 아주 무서운 것이라고 들었습니다. 폰포비아가 한두 사람의 이야기가 아니라고요. 대면하거나 직접 목소리를 나누는 것에 부담을 느끼기 때문에 이왕이면 메신저를 통하는 걸 선호한다고 합니다. 물론 그 두려움과 귀찮음을 이해하지 못하는 건 아니지만 그럴수록 더 용기를 내서 목소리를 전하고 얼굴을 마주해야 합니다. 그래야 자기소개를 제대로 할 수 있거든요.

조직원이라면 모두 공감하겠지만 평생을 같은 소속에 머물기란 쉽지 않을 겁니다. 하물며 공무원도 정년이 있는걸요. 소속이라는 옷을 언젠가 벗을 걸 알면서도 마치 그게 내 피부인 것처럼 생각하고 지냅니다. 그러니까 자기소개를 할 때마다 "어느 어느 회사, 무슨 무슨 일을 하는 누구입니다"라고 소개하겠죠. 나는 분명 고유한 인간인데 소속에 나 자신이 용해되어 버리는 건 좀 안타까운 일이 아닐까요?

조직 컨설팅을 할 때 조직원들에게 15초 안에 나 자신을 소개하는 훈련을 권합니다. 소속도 직함도 빼고 오직 나, 나에 대해 소개하는 것이죠. 어떤 사람은 자신이 좋아하는 취미에 대해, 누군가는 취향에 대해, 또 누구는 가족관계에 대해 이야기합니다. 자기를 가장 잘 나타낼 거라고 생각하는 주제를 잡아 정리하는 것이죠.

나를 소개할 용기를 가집시다. 소속의 힘을 빌린 것이 아닌 진짜 나를 소개할 줄 안다는 건 자기 자신을 잘 안다는 방증입니다. 나를 소개할 용기를 내야 상대에게 진짜 나를 알릴 수 있고, 조직이 아닌 다른 곳에서 만나더라도 직함 대

직함이 아닌 인간 대 인간으로 관계를 맺게 됩니다.

'내가 뭐라고 세상이 궁금해할까' 하는 걱정은 하지 않으셔도 됩니다. 우리는 아무개 순댓국의 간판만 봐도 아무개가 도대체 어떤 사람인지 궁금해하니까요.

> **"**
> 잘 생각해보세요.
> 성공 앞에서 나의 발목을 잡는 건
> 항상 나 자신이었을 겁니다.
> **"**

전진하는 용기

어두운 밤에는 작은 촛불이 태양보다 밝다

지금으로부터 1년 후,
당신은 '그때 시작했더라면 좋았을 텐데'라고 아쉬워할 것이다.
— 카렌 렘

내 마음대로 살지 못했다고 생각하지만 사실 성인이 된
이후 우리는 제법 하고 싶은 대로 살았습니다. 눈앞에 놓인
선택지가 원하는 선택지가 아니었을지 몰라도 순간마다 스
스로 선택하며 나아갔으니까요. 어떤 회사에 들어간 선택,
나오는 선택, 옮기는 선택, 새로운 일을 시도하는 선택. 지
금 나의 모습은 내 선택들이 만든 것입니다. 이 과정에서 실
수와 실패가 있었다면 그 또한 나의 책임입니다. 잘 생각해

보세요. 성공 앞에서 나의 발목을 잡는 건 항상 나였습니다.

캘리포니아 샌버너디노에 드라이브 인 레스토랑을 개업한 맥도날드 형제는 25가지 메뉴 중 가장 인기 있는 햄버거에 집중해 30초 안에 음식을 내놓는 스피드 시스템을 고안합니다. 황금색 아치로 장식된 작은 가게는 매일 줄을 설 정도로 인기였죠.

이런 그들에게 52세 중년의 밀크 셰이크 기계회사의 대표 레이 크록이 찾아옵니다. 스피드 시스템을 중심으로 한 프랜차이즈 매장을 내자고요. 맥도날드 형제의 꿈은 50세 이전에 100만 달러를 벌어 은퇴하는 것이었습니다. 보는 관점에 따라 한없이 거창하거나 한없이 소박한 꿈이었죠. 맥도날드 시스템에서 대박의 기운을 느낀 레이 크록에게 100만 달러는 한없이 소박했겠지만, 한 번의 실패 이후 스피드 시스템을 갖춰 손님들이 줄 선 식당의 주인이 된 그들에게는 큰 꿈이었을 겁니다.

그들은 레이 크록에게 아주 쉽게 캘리포니아주와 애리조나주를 제외한 미국 전역의 가맹점 사업권을 넘겨줍니다. 이후 레이 크록은 프랜차이즈의 새 역사를 쓰며 맥도날드를 미국 전역으로 확장시킵니다. 그러나 맥도날드 형제는 여전히 작은 꿈에 머물러 있었죠. 새로운 시도를 할 때마다 맥도널드 형제의 허락을 받는 조건이 걸림돌이 되곤 했습니다. 레이 크록은 로열티를 가지고 맥도날드 형제와 협상을 합니다. 맥도날드 형제의 선택은 270만 달러에 모든 권한을 넘기는 것이었습니다. 1961년이었습니다.

이후 맥도널드는 끝없이 성장했습니다. 미국을 상징하는 브랜드가 됐죠. 〈에스콰이어〉지는 '20세기 미국인의 삶의 방식에 위대한 기여를 한 인물' 중 하나로 레이 크록을 선정하며 "콜럼버스는 아메리카를 발견했고, 제퍼슨은 미국을 세웠으며, 레이 크록은 빅맥으로 미국인의 입맛을 사로잡았다"라고 했죠. 레이 크록이 부와 명예를 모두 거머쥐고 지금까지 사업가로 영감을 주는 인물이 된 반면, 맥도날드의 시작이었던 맥도날드 형제는 맥도날드 역사에서 증발해버렸습니다. 조금 더 적극적으로 사업을 키워나가려고 했다면 이야기가 달라졌을지도 모르겠죠. 전진해야 할 때는 전진할 용기가 필요합니다. 레이 크록처럼요. 그는 무섭게 전진했습니다.

저희 회사는 컨설팅 업무 외에 출판도 겸하고 있습니다. 기업 컨설팅 업체로 필드에 제대로 서게 된 계기가 저의 첫 책《가짜 회의 당장 버려라》였고, 그때 책의 영향력에 대해 깨닫게 됐습니다. 그리고 출판 영역까지 업무를 확장했죠.

2017년 첫 책을 내고 꾸준히 성장해서 110여 권이 넘는 책을 출간했고, 이 책도 그 책들 중 한 권이 되겠네요.

사실 출판 사업은 위태로웠습니다. 2017년 4권을 출간하고 다음 해인 2018년 7권을 출간했는데요. 그즈음 멤버들이 출판 사업을 접자는 의견을 내더군요. 컨설팅만으로도 업무가 벅찬데 수익이 크지 않은 사업에 괜한 힘을 빼지 말자는 것이었죠. 아주 진지했습니다. 계획된 책들도 있는데 멤버들이 동의하지 않으면 계속 끌고 가기 어려운 상황이었습니다. 접느냐 마느냐 기로에 서게 된 것이죠.

저는 고민했어요. 소위 대박이 터져서 베스트셀러가 나온 것도 아니고, 이름만 대면 아는 슈퍼 저자와 일을 하는 것도 아니긴 했거든요. 파트별로 일을 나누고 있었지만 컨설팅과 동떨어진 분야에 힘 뺄 것 없이 주 업무에 집중하고 싶어 하는 멤버들의 입장도 이해가 갔고요. 어쨌든 컨설팅 전문가로 입사했는데 크고 작은 출판 업무에 신경을 쓰는 것이 탐탁지 않았을 겁니다. 또 마침 그즈음이 스타트업 흥망의 경계라는 데스밸리를 지나는 중이었기 때문에 모두들 예민했죠.

멤버들이 무언의 압박을 하기 시작했고 저는 결정을 내렸습니다. 계속 가지고 가는 것으로요. 저는 순수 콘텐츠는 텍스트라고 믿습니다. 모든 콘텐츠의 기본은 글로 시작하니까요. 영화, 드라마, 노래, 웹툰도 텍스트가 제일 첫걸음입니다. 가깝게는 기획안 보고서도 텍스트가 기본이 되고요. 그러니까 이 가치를 누군가는 계속 지켜야 한다고 생각했습니다.

멤버들에게는 내가 붙잡고 있을 테니 누구도 신경 쓰지 말라고 했죠. 말을 그렇게 했지만 회사 일이라는 게 무 자르듯 딱 잘라지진 않잖아요. 실망했을 멤버들에게 미안했지만 출판 전문 멤버를 영입하고 최대한 제 선에서 해결할 수 있도록 노력했습니다.

출판 업무의 의견 조율을 잘 마무리하고 2019년 데스밸리를 무사히 건넜는데 2020년 2월 코로나가 시작됐습니다. 처음엔 생각보다 힘들지 않았어요. 컨설팅은 원래 1, 2, 3월이 비수기인 데다가 데스밸리를 건너면서 약간의 여유가 있었거든요. 그런데 3, 4월이 지나도록 팬데믹은 끝나지 않았습니다. 오히려 더 심해졌죠. 그해 10월, 11월 컨설팅 업무 매출 0을 경험했습니다. 10월, 11월은 컨설팅 업무가 제일 바쁜 시기인데도 말이죠. 정말 놀랐습니다. 처음 겪는 일이었어요. 아이러니하게도 그때 회사의 유일한 수익은 출판이었습니다. 이제 어느 멤버도 출판을 귀찮게 생각하지 않게 됐죠.

팬데믹의 모든 수치가 극상으로 치닫고, 모든 것이 불확

실하던 2020년 8월, 전 멤버의 동의하에 컨설팅에서 출판으로 업무를 옮겼습니다. 저자를 만나고 편집을 하고 디자이너와 커뮤니케이션하는 업무로 빠르게 이동했죠. 그 시기에 김상균 교수의 《메타버스》가 출간되면서 독자들에게 많은 호응을 얻었고 다양한 책이 출간됐습니다. 사실 《메타버스》 외에 다른 책들의 매출이 좋진 않았습니다. 강의를 통해 소개되는 책들이었는데, 그런 책들은 강의할 현장이 없어지니 판로가 막막했습니다.

그래도 용기를 내서 계속 출간했습니다. 실패할 수도 있지만 전진하기로 한 것이죠. 실패하더라도 충분히 가치가 있다고 생각했고, 한편으로 실패하지 않을 거라는 믿음도 있었습니다. 이 결정이 제 발목을 잡지 않을 거라는 확신이 들었거든요.

전진하세요. 용기 내세요. 그리고 좋은 과정을 겪고 좋은 결과를 경험하시길 바랍니다. 그렇다면 다음 결정에도 현명한 선택을 할 수 있을 겁니다. 나아가지 않는다면 아무것도 얻지 못하게 된다는 걸 기억하셨으면 합니다.

"

'문제의 원인'을
지나치게 파고들면,
'문제의 해결'로부터
멀어집니다.

"

해결에 집중하는 용기

할 수 없는 일 말고 할 수 있는 일을 한다

문제를 직면한다고 해서 다 해결되는 것은 아니다.
그러나 직면하지 않고서 해결되는 문제는 없다.
— 제임스 볼드윈

"꼼꼼하게 조사해서 구체적인 문제점을 리스트업해주세요. 그리고 그 문제점 옆에 해결책을 함께 제시해주시기 바랍니다."

회장님의 요구에 저는 단호하게 답했습니다.

"불가능합니다."

뜻밖의 답변이라고 생각했는지 의아하게 보시더군요. 회의 자리에 잠깐 냉기가 스쳤습니다. 다른 분들도 당황하는 듯했고요. 상황을 부드럽게 만들기 위해 얼른 설명을 시작했습니다.

"세상의 일은 문제 하나가 해결된다고 그 문제가 사라지는 게 아닙니다. 문제 A에 맞는 해결책 A, 문제 B에 맞는 해결책 B, 이렇게 클리어된다면 얼마나 좋겠습니까? 하지만 모든 문제는 얽히고설켜 있습니다. 문제를 파다 보면 끝이 없게 되죠. 이럴 땐 문제해결에 포커스를 맞춰야 합니다. 문제에 집중하다 보면 원인을 탐색하게 되는데 그러는 순간 해결과는 멀어집니다. 원인을 찾아 탓을 하게 되니까요. 누구 때문에, 무엇 때문에. '때문에'의 수렁에 빠지면 좀처럼 빠져나올 수 없어요."

어느 기업과 회의 중에 이런 일이 있었습니다. 당시 그 기업은 제품 수율이 떨어지는 것에 대한 문제를 해결하기 위해 애쓰고 있었습니다. 원인을 분석하고 문제점을 알아내고 해결하기 위해 우리에게 도움을 청했죠. 첫 회의에 들어가니 사람이 문제인지, 프로세스나 시스템의 문제인지 찾아주길 요구했습니다.

저는 원인이 아닌 결과로 해결 방법을 찾아보겠다고 했습니다. 제가 듣기에 원인을 찾겠다는 건 책임소재를 찾겠다는 이야기로 들렸습니다. 잘못한 사람, 수율이 떨어지는 시스템을 만든 사람을 찾아내 책임을 묻겠다는 걸로 들렸죠. 원인이 아닌 해결에 집중하자고 설득한 뒤 어떻게 하면 수율을 원상태로 돌릴 수 있을까, 이 시점에서 각각 어떤 일을 해야 하느냐를 핵심으로 회의를 진행했습니다.

원인을 찾는다고 하지만 그건 사람을 찾는 겁니다. 그렇게 되면 구성원들은 위축되고 방어하게 되죠. 어떤 것도 나서서 하지 않으려고 할 겁니다. 잘못되면 전부 내가 책임을 져야 하니까요. 이건 개인에게도 해당됩니다. 자꾸 원인을 찾으려고 하면 앞으로 나아가지 못합니다. 새로운 시도도 하지 못하게 되죠. 뭔가 일이 잘못되고, 막혀 있을 때 핑계를 대기보다 그 순간을 해결하는 일에 집중해야 합니다. 그러기 위해서는 탓하지 않을 용기가 필요하죠.

어떤 사람은 단계를 쉽게 넘어서고 어떤 사람은 도무지 다음 단계로 나아가지 못합니다. 김연아가 세계적인 메달리스트가 되었던 건 탓하지 않는 태도가 영향을 줬을 겁니다. 경기가 자기 생각대로 풀리지 않으면 김연아 선수는 얼른 그 순간 자신이 해야 할 일을 했습니다. 열악한 상황에서 훈련을 해야 했을 때도 그 순간 자기가 해야 할 일을 했죠. 상황을 받아들이기 위해서는 탓하지 않을 용기가 필요합니다. 탓하지 않고 부딪힌다면 어떤 문제, 어떤 상황이라도 해결될 수 있습니다.

"

자신의 일을
스스로 무시하는 순간,
비극이 시작됩니다.

"

일을 사랑하는 용기

세상은 자기의 일을 사랑하는 사람을 필요로 한다

자신을 사랑하는 것은
일생 낭만의 시초이다.
— O. 와일드

"9 to 6의 삶을 사는 사람들이 세상을 아름답게 유지하는데 중요한 역할을 하고 있어요. 평범한 사람들의 하루가 세상을 온전히 지키고 있는 거죠."

함께 일하는 멤버 그레이가 해준 말입니다. 생각이 아주 깊은 멤버입니다.

"일은 무엇일까요? 요즘은 노동이 가치 없는 것처럼 여겨지는 시대라고 하죠. 노동의 가치를 이야기하면 노예근성이라고 바보 취급을 받는다는 이야기를 듣잖아요. 정말 충격적인 일이에요."

우리는 왜 일을 사랑하지 않게 된 걸까요? 왜 어떤 특정한 일에만 가치를 부여하게 됐을까요? 모든 일이 고귀하고 숭고한데 말이지요.

내가 무슨 일을 하든 그 일을 사랑할 용기를 내야 합니다. 물론 법의 테두리를 벗어난 일이라면 얘기가 달라지죠. 합법적이고 다른 사람에게 위해를 끼치지 않는 선 안에서의 일이라면 무엇이라도 사랑할 가치가 충분합니다. 그리고 기필코 사랑해야 하고요.

내가 하는 일이 사랑스럽지 않다면 계속해 나갈 수 없을 테니까요. 일을 사랑하는 사람과는 함께 일하고 싶어집니다. 정말 그 마음이 느껴지는 사람들이 있습니다. 남들보다 돋보이기 위해서 자랑하기 위해서 하는 일이 아니라 정말 진짜 그 일을 좋아하는 마음이 가득한 것이죠.

쑥스럽고 겸연쩍어 사랑을 표현하는 데 서툴지만 그래도 자꾸 용기를 내 일에 대한 사랑을 표현해야 합니다. 그래야 다른 사람들이 알아채거든요. '아, 저 사람은 정말 일을 사랑하는구나. 저 사람이 사랑하는 일은 가치 있는 일이구나. 나도 저 일을 함께 하고 싶다. 저 일의 가치를 높이는 데 도움을 주고 싶다.' 이런 마음을 먹게 되죠.

3년 전에 세계 최고 디스플레이 회사의 미션, 비전, 핵심 가치에 대한 프로젝트를 수행했습니다.

디스플레이를 연구하는 사람, 기획하는 사람, 제조하는 사람 등 다양한 분들을 만났습니다. 그런데 일부 구성원은 자신들의 일이 존중받지 못한다고 생각하고 있습니다. 그래서 미션 같은 것은 필요 없다 얘기하는 사람도 있었습니다. 디스플레이를 기획하고, 연구하고, 만드는 일이 얼마나 가치 있는 일인지 생각할 수 있도록 해야겠다고 목표를 정했습니다.

회사마다 미션이라는 게 있습니다. 구글은 '세상의 모든 정보를 쉽게 접근하도록 도와준다'가 미션이죠. 테슬라는 '지속 가능한 에너지로의 세계적 전환을 가속화하는 것'이고요. 스타벅스는 '영감을 주는 공간을 제공한다', 라이카는 '열정이 얼마나 가치 있는지 증명한다'입니다.

저는 이 디스플레이 회사의 미션을 '유수의 기업들이 중요하다고 주장하는 미션을 증명할 수 있도록 돕는 것'이라고 정의했습니다. IT의 최고라고 하는 아마존, 페이스북, 구글이 자신의 가치를 증명하기 위해서는 디스플레이가 필요합니다. 디스플레이가 없다면 아무리 좋은 가치라고 해도 구현할 수 없죠. 테슬라의 자동차도 디스플레이 없이 주행할 수 없고, 애플의 모든 기기도 마찬가지입니다. 그러니 디스플레이를 만들어내는 일이야말로 사랑받아 마땅한 위대한 일 아닐까요?

이렇듯 가장 중요한 장치를 만드는 게 나의 일이라고 정의하면 시선이 달라집니다. 마음속에 새로운 파도가 일어나죠. 다른 부서와 다른 사업과 비교하면서 한숨을 쉬기 시작하면 끝이 없습니다. 위축되고 주눅이 들어 자신의 일을 스스로 무시하는 순간 비극이 시작되는 것이죠. 그것은 겸손과 다른 이야기입니다. 겸손은 나 자신을 충분히 사랑하면서 타인을 배려해 자신을 낮추는 것이지만, 스스로를 평가절하하는 건 나도 일도 사랑하지 않는 것입니다.

여러 자기계발서에서 인용한 벽돌공 이야기 많이 들어보셨을 겁니다. 벽돌을 쌓는 세 사람에게 묻죠. "당신은 무엇을 하고 있습니까?" 첫 번째 사람이 대답합니다. "벽돌 쌓아요." 두 번째 사람이 답하죠. "내 가족을 위해 돈을 벌고 있습니다." 세 번째 사람은 "사람들이 안식하고 평안을 얻을 수 있는 공간을 짓습니다"라고 합니다. 그리고 마지막은 세 번째 사람처럼 되어야 한다는 이야기로 끝을 맺습니다. 저도 그렇게 배웠고 그런 줄 알았습니다.

그런데 생각이 좀 바뀌었어요. 가족을 위해 일하는 건 가치 없는 일일까? 꼭 원대한 꿈이 있고 거창한 의미 부여가 필요한 건가? 나의 안온한 생을 위해, 내 가족의 편안함을 위해 하는 일은 사랑받을 수 없는 것일까?

SPA 브랜드 자라의 미션은 '패션의 민주화'입니다. 크고 위대하죠. 럭셔리 브랜드 샤넬은 '삶에 우아함을 더하기 위해 존재한다'라는 미션을 가지고 있습니다. 엄청 멋지죠. 그런데 모두가 이렇게 멋지고 근사할 순 없습니다. 또 그러지 않아도 되고요.

멋진 미션을 갖지 않았더라도 나만의 가치를 담아 사랑할 수 있는 일이면 얼마든지 그 안에서 성장하고 성취할 수 있습니다. 내 일이 하찮아 보인다면 자신만의 미션을 만들어 보세요. 용기를 내 사랑해보는 겁니다. 깜짝 놀라실 텐데 내 일을 다르게 보는 순간, 그러니까 사랑하게 되는 순간 많은 것이 변화할 겁니다. 세상이 내 편이 되고 하루하루가 즐겁겠죠. 장담합니다.

"

내가 아는 게 얼마나 많은데,
이런 환상에서 벗어나야 하는 시대입니다.

"

나아가는 용기

바람이 불지 않으면 노를 저어서 가면 된다

당신이 허락하는 만큼
당신은 놀라운 사람이 될 수 있다.
— 엘리자베스 알론

전 세계가 마스크를 벗고 팬데믹에서 벗어나기 시작할 무렵인 2022년 11월 30일. AI 연구기관 오픈AI(Open AI)가 챗 GPT(ChatGPT)라는 AI 채팅 서비스를 공개했습니다. 이메일이나 보고서 등 형식이 필요한 글을 쓰는 데 최적화된 AI라고 난리가 났죠. 학생들 리포트를 대신 쓰고 자기소개서까지 써줄 수 있다고 합니다. 글쓰기 영역만큼은 인간의 창의성이 필요하다고 생각했는데 그것까지도 AI가 해낸다니

놀라우면서도 여기저기 우려의 말이 많습니다. 특히 챗GPT
로 작성한 자기소개서나 면접 답변이 채용에 영향을 주는
건 아니냐는 것이었죠. 공정성 우려에 관련해서 많은 기업
이 판별 프로그램을 도입하겠다는 소식이 들려왔습니다.

공개된 지 얼마 지나지 않아 전 세계의 수백만, 아니 수천
만 명이 이 서비스를 이용했습니다. 재미로 질문을 던진 사
람도 있고 실제로 자신의 목적에 맞게 활용한 사람들도 있
었을 겁니다. 흥미로운 건 챗GPT에도 허점이 아주 많이 있
다는 것입니다.

뇌과학자 김대식 교수는《챗GPT에게 묻는 인류의 미래》
라는 책을 챗GPT와 함께 만들었습니다. 그가 질문하고 챗
GPT가 답변한 대화를 담았죠. 김대식 교수는 "챗GPT는 학
습 데이터를 통해 확률적으로 높은 문장을 찾고, 사람의 피
드백을 통해 강화학습을 한다. 그리고 질문의 맥락을 해석
해 답변을 내놓는다"고 했습니다. 언어처리가 완벽해 인간
이 만든 문장과 똑같은 문장을 내놓고, 그럴듯한 이야기도
지어냈다고 합니다. 뛰어난 성능에 무척 놀랐다고 해요.

하지만 처음 대화를 나눌 땐 너무 교과서적인 답변만 해
서 조금 실망도 했답니다. 시간이 지나면서 깊이 있는 질문
을 던지니 답변이 달라졌다고 해요. 얼마나 좋은 질문을 던

지느냐에 따라 더 풍성한 답변을 내놓는 것이죠. 물론 그마저도 새로운 건 없었다고 합니다. 지금까지 인간이 내놓았던 데이터를 바탕으로 확률적으로 가장 잘 어울리는 문장을 생성하는 AI니까요. 성찰을 바탕으로 한 진짜 통찰은 기대할 수 없는 것이죠.

또 하나, 챗GPT의 허점은 현실 세계에 대한 이해가 부족하다는 것입니다. 과거에 입력된 정보로 다양한 문장을 만들 수 있지만 아직 입력되지 않은 바로 지금, 현실의 문제는 챗GPT의 세상에는 없는 일이니까요.

챗GPT의 일련의 사례를 보면서 이런 시대에 살아남기 위해서 인간이 해야 할 일은 무엇인가에 대한 답을 얻을 수 있었습니다. 질문할 줄 아는 인간, 성찰할 줄 아는 인간, 현재를 잘 살아나가는 인간이 AI에게 조종당하는 것이 아닌 AI를 조종하며 살 수 있겠더군요.

그렇다면 이제 우리 개인은 무엇을 해야 할까요? 버릴 수 있는 용기를 가져야 합니다. 과거에 내가 배웠던 것들 경험했던 것들을 과감히 버리고 그 자리에 새로운 걸 채워야 해요. 언러닝(Unlearning)해야 하는 겁니다. 언러닝은 기성 학습 지식의 해체를 말합니다. 스스로 노력하여 학습한 것, 성공 체험을 잊는 것을 의미하죠.

언러닝은 '내 나이가 몇인데, 내가 아는 게 얼마나 많은데', 이런 환상에서 벗어나서 새로운 자신을 찾아나가는 것입니다. 한때 자동차 회사의 최고 인재는 기계공학과 출신이었습니다. 엔진이 자동차의 핵심이었으니까요. 내가 알던 것이 더 이상 핵심이 아닌 순간이 올 겁니다(모든 일은 나름의 가치가 있습니다. 설명을 위한 것이니 이해해주세요).

물론 그중 한두 명, 아주 깊이 있게 몰두한 소수의 사람은 여전히 자신의 분야에서 쓸모를 다합니다. 장인이 되는 것이죠. 스키장에 인공눈을 쏘는 기계를 수입해 팔던 회사가 있었습니다. 몇 년간 적극적으로 마케팅을 하며 판매하다가 더 이상 수요가 없어 사업을 중단했어요. 그런데 아직까지도 A/S 연락이 옵니다. 기계를 구입했던 곳에서 시간이 지나면서 수리가 필요해진 것이죠. 현재 그 기계를 수리할 수 있는 분은 전국에 딱 한 분이십니다. 예순이 넘은 단 한 명의 기술자가 전국을 돌며 기계를 수리해주고 계시죠. 이렇게 어떤 한 영역을 힘있게 잡고 있을 자신이 있다면 그 깊이에 이르는 용기를 내시면 됩니다. 하지만 너무 소수의 일인 만큼 모두에게 해당되진 않는 이야기입니다.

유명 음악가 겸 프로듀서 브라이언 이노와 피터 슈미트가 '창의력 정체 상태에서 빠져나가기 위한 100가지 방법 카드'를 제작했는데 그중 상당수가 '언러닝'을 어떻게 할 것인가에 관한 조언들이라고 하죠. 그들은 구체적인 실행방법으로 해볼 만한 일을 전부 리스트업한 후 그 리스트의 맨 마지막에 적힌 일을 하라고 했답니다. 단박에 떠오르지조차 않는 아주 사소하고 작은 일, 그런 것부터 시작하라는 거죠. 시도해보지 않은 일을 하고, 하찮다고 생각해 무시했던 것들에 관심을 가져야 하는 순간입니다.

인류는 이제 인류가 아닌 AI와 경쟁이 불가피해졌죠. 용기를 내야 합니다. 버리고 채울 용기! 그것이 나 자신을 시대에 맞는 인류로 업그레이드하는 유일한 방법입니다.

"

관대함은 결과만 가지고
그 사람을 해석하지 않는 것에서 시작됩니다.

"

냉정해지는 용기

사람들은 일이 잘못되면 해와 달, 별을 탓한다

때때로 우리가 작고 미미한 방식으로 베푼 관대함이
누군가의 인생을 영원히 바꿔놓을 수 있다.
— 마가릿 조

우리는 자신의 실수에 관대합니다. 왜냐면 실수를 한 이유를 너무 잘 알기 때문이죠.

출근 시간을 잘 지키지 못하는 사람을 생각해봅시다. 본인은 너무 잘 알 거예요. 이유가 있어요. 하필 눈앞에서 버스를 놓쳤거나, 그날따라 가족 중 누가 아팠다거나, 갑자기 단수가 됐다거나. 뭐 다양한 이유들이 있을 겁니다. 본인은 아침 일찍 출근 시간 전에 도착할 마음을 먹고 움직였는데 이상하게 일이 꼬인 거예요. 본인 생각은 그렇습니다. 하지만 타인은 이해하지 못하죠. '또 늦었어. 왜 자꾸 늦지? 시간을 지키지 않는 사람인가보다'라고 단정하는 겁니다. 결과만 가지고 얘기할 수밖에 없죠.

약속시간 1분을 남겨 놓고 누군가는 미친 듯이 달려오는데, 어떤 사람은 달려오다가 1분 남겨 놓고 매무새를 챙기고 숨을 고르고 웃으면서 들어와요. 그럴 때 누가 더 상대를 배려하는 것 같나요? 누군가는 '그래도 나와의 약속을 소중히 생각해서 열심히 뛰었구나, 고맙다'고 생각하겠죠. 어떤 사람은 얼굴 마주하는 자리인데 헐레벌떡 땀도 안 닦고 인사를 나누는 것보다 정돈하고 예의를 차리는 모습이 나를 배려하고 있다고 생각할 겁니다. 나는 하나인데 상황과 상대가 매번 달라져요. 매번 달라지는 상대가 나의 의도를 다 정확히 파악해주지 않습니다. 그럴 거라는 건 착각이에요.

상대는 바꿀 수 없습니다. 그러니 우리가 해야 할 일은 내가 먼저, 나라도, 나부터 실수에 대해 열린 태도를 보이는 겁니다. 타인의 실수에 관대할 용기를 가지는 거죠. 실수하려고 일하는 사람은 없습니다. 누구도 일부러 실수하지 않아요.

약속 시간에 늦는 걸 매우 싫어하는 사람은 1분이 늦었다면 상대가 뛰어오는 모습을 보여야 한다고 생각해요. 그런데 상대도 보이기 전까지 뛰었던 탓에 힘이 들어 걸으면서 숨 고르고 웃으면서 와요. 그런데 그 사람은 상대의 상황을 모르니까 실수하는 거라고 생각해요.

상대를 관대하게 보는 건 결과만으로 그 사람을 해석하지 않는 데서 시작합니다. 어떤 누구도 자신의 일이나 팀의 일이 잘못되길 바라면서 일하는 사람은 없다고 생각해요. 결과는 망치면 잘못된 결과만 보이기 때문에 그 너머의 것을 보려고 해야 합니다. 실수는 말 그대로 손에서 놓쳐버린 거예요. 놓은 게 아니고 말이죠.

모든 것은 상대적이기 때문에 내가 실수에 관대하면 상대도 나의 실수를 이해해줄 확률이 높아요. 인간은 상대가 열어준 만큼 반응하게 되어 있습니다. 저 사람이 나에게 마음을 연 딱 그 정도에 반응하는 것이죠.

저는 '그럴 수도 있다' 주의자입니다. 그럴 수도 있다. 제가 타인에게, 또 저 자신에게도 자주 하는 말입니다. 저희 플랜비디자인 멤버들이 우스개로 김정은이 로켓을 쏴도 그럴 수도 있다라고 얘기할 사람이라는 이야기를 하곤 합니다(정말로 그래서는 큰일 나겠지요).

'그럴 수도 있다'는 마법 같은 주문입니다. 실수에 관대할 수 있게 해주는 이 주문은 평정심을 유지하게 해주거든요. 사람들은 생각한 대로 안 되면 흥분하고 짜증이 나기 쉽습니다. 실수 자체가 아닌, 사람에 감정을 싣기 시작하죠. 상대가 미워집니다. 그러면 평정심이 무너지고 내내 화가 난 상태로 일해요. 이게 아주 위험합니다. 좋은 행동, 좋은 판단, 좋은 결정을 못하고 나쁜 결과로 가게 되거든요.

그렇다고 자신의 실수에 무턱대고 관대해서는 안 됩니다. 내 실수의 의도를 제일 잘 아는 내가 냉혹하고 냉정하게 실수를 평가할 줄 알아야 합니다. 그 의도가 평계가 되어서는 안 돼요. 하필 내 앞에서 버스가 출발했다면 조금 더 일찍 나오지 못한 것을 반성해야죠. 테이블 위의 물을 쏟았다면 주의를 기울이지 않은 것에 대해 생각해야죠.

나의 실수는 냉정하게 바라볼 용기, 남의 실수는 관대하게 여겨줄 용기, 이 두 용기가 있다면 삶의 평온을 찾기가 훨씬 쉬워집니다. 그래야 자신에게 당당해지고 타인에게 따뜻해져요.

"

의도적으로 나와 맞는 사람만 만난다면,
결정적 피드백으로부터 멀어지게 됩니다.

"

피드백을 대하는 용기

날이 맑기만 하면 사막이 된다

부정적인 피드백은 반드시 필요하다. 사람들은 대부분 맹점을 가지고 있다.
다른 사람이 지적하지 않으면 자신의 맹점을 결코 알 수 없을 것이다.

…

사람은 누구나 개인적인 성장을 위해 맹점 부분,
우리가 지키려고 하는 아픈 약점 부분에 대한 피드백이 필요하다.
— 스티븐 코비

지방에 출장을 가서 맛있는 백반 한 상을 마주하면 배우 최불암 선생님이 떠오릅니다. 언젠가부터 그는 영화나 드라마 출연은 없고 교양 다큐 〈한국인의 밥상〉에만 출연합니다. 어느 인터뷰에서 더 이상 연기하지 않는 이유에 대해 물었더니 이런 대답을 했습니다.

"'선생님, 훌륭하세요. 최고이십니다.' 이런 말들만 들려요. 아무도 내 연기에 대해 지적해주는 사람이 없어. 그래서

안 해요."

자신의 연기에 대해 피드백 해주지 않는 상황을 위험하다고 느껴서 그만두었다는 것이었습니다. 비단 최불암 선생님뿐만 아니라 나이를 먹고 높은 위치로 가면 갈수록 점점 더 피드백이나 지적으로부터 멀어지죠.

매년 〈교수신문〉은 그해의 사자성어를 선정하는데 2022년의 사자성어는 과이불개(過而不改)였습니다. 뜻은 '잘못하고도 고치지 않는 이것을 잘못이라 한다'로 자신의 잘못을 깨닫지 못하는 것이야말로 큰 잘못임을, 자신의 잘못을 알아차리며 반성하고 고쳐 사는 것이 좋은 인간이라는 뜻입니다. 배우 최불암 선생님은 아마 자신이 과이불개하지 않을까 걱정스러웠을 겁니다. 누구도 지적해주지 않는다는 건 잘못을 알기 어렵다는 뜻이기도 하니까요.

라떼, 발언을 하고 싶지 않았는데 어쩔 수 없이 이야기해야겠네요. 1990년대까지만 해도 윗사람의 지적이 자연스러웠습니다. 멀리 갈 것도 없이 부모님과 선생님께 자주 혼나며 자랐죠. 그 과정에서 체벌이라는 폭력적인 훈육이 있었고 자정의 목소리가 높아지면서 체벌이 사라집니다. 아주 좋은 일이죠. 어떤 위계 관계라도 폭력이 사용되어서는 안되는 거니까요. 안타까운 것은 체벌과 함께 지적도 사라졌다는 겁니다. 그래서인지 21세기 학생들에게 지적은 불편하기만 한 것이 됐습니다. 혼나고 지적받는 게 기분 좋은 일은 아니지요. 하지만 그런 가르침이 있어서 성장했던 것도 사실입니다.

학교에서의 습관은 사회로 이어져서 상사도 선배도 지적하려 하지 않습니다. 괜히 오해를 사거나 밉보이고 싶지 않으니까요. 좋은 마음으로 이야기했다지만 상대가 그렇게 받아들이지 않고 괜한 참견이나 갑질로 비춰질 수 있다고 생각하는 것 같습니다. 물론 서로의 감정이 상하지 않도록 배려하고 조심해야 하지만 발전적 피드백은 분명히 필요하거든요. 그런데 이런 것조차 점점 희미해지고 있다는 것이 문제입니다.

나를 아는 가장 좋은 방법은 남을 통해 객관적인 나를 인식하는 것입니다. 나라는 개인은 나라는 사람의 전부를 조망하기 어렵습니다. 당장 시각적으로 실험해보면 알 수 있잖아요. 내가 나를 보려고 해보세요. 아무리 거울 앞에 선다 해도 나라는 사람을 입체적으로 전부 알 수 없습니다. 우리는 자신의 부분만을 볼 수 있을 뿐이에요. 인간이 사회적 동물이 될 수밖에 없는 건 내가 보지 못하는 걸 상대가 봐주기 때문입니다.

내면도 똑같습니다. 다른 사람의 도움도 없이 자기 자신과 똑바로 마주할 수 있는 경우는 많지 않습니다. 마음도 3D로 봐줘야 하거든요. 이럴 때 나에게 입체적인 나를 알려줄 사람이 필요합니다. 그늘진 곳, 조금 어두운 곳, 잘못 정리되어 있는 곳을 상대는 더 잘 볼 수 있으니까요.

내 치부를 들킬 것 같고, 누군가 나를 관찰한 것에 대한 이야기가 듣기 거북할 겁니다. 하지만 시도하셔야 해요. 피드백을 요청할 용기를 내야 합니다. 자기 자신의 단면만 아는 사람과 전체를 아는 사람, 누구를 더 신뢰할 수 있을까요? 스스로를 잘 알기 위해 도움을 요청해야 합니다. 그리고 솔직하게 이야기해달라고 용기 내 말하세요. 아마 그때부터 두려움이 밀려올 겁니다. 내가 아는 나의 찌질한 모습, 후진 모습이 다른 사람 입을 통해 나오는 순간을 마주하는 건 쉽지 않습니다. 그러나 용기 내서 마주하세요. 꽁꽁 숨기지 말고 꺼내 놓으면 생각보다 별 게 아닐 수도 있고, 금방 수리되는 작은 결함이기 쉽습니다.

리더일 경우는 특히 더 피드백에 목숨을 걸어야 합니다. 피드백이 끊기는 순간 리더십은 파국을 향한다는 표현이 있습니다. 제가 아주 좋아하는 표현입니다. 왕에게 진실을 말하는 충신이 없다면 이미 그 왕은 끝난 겁니다. 입에 발린

말로 좋은 얘기만 해주는 사람들은 얼마든지 있습니다. 당신의 삶에 큰 관심이 없는 사람들이죠. 왜 부모는 쓴소리를 많이 할까요? 내 인생이 좀 더 나아졌으면 하고 바라는 나이외의 존재들이기 때문입니다.

피드백을 받을 땐 흥분하지 않아야 합니다. 피드백을 받으면 방어기제가 작동할 수 있거든요. 이건 동물적인 행동입니다. 나의 잘못을 지적당한다는 건 일종의 공격이라고 여겨지기도 하니까요. 이 동물적인 행동을 눌러내는 용기도 기르셔야 합니다. 그래야 수용할 수 있습니다. 팔짱을 풀고 편안한 마음으로 자신에 대한 이야기를 들으세요.

피드백을 주는 경우의 태도도 중요합니다. 상대에게 피드백을 줄 때에는 상대에게 가깝게 자세를 낮추고, 팔장을 끼지 않고, 피드백을 주었을 때 상대가 자신의 상황을 설명할 때 고개를 끄덕이며 공감하세요. 지적해달라고 했다고 그동안의 불만을 마구 쏟아부어서는 안 됩니다. 상대가 원하는 건 그런 게 아니니까요. 신뢰 가는 제스처로 상대를 안심시키고 진심 어린 이야기를 해주세요. 그래야 상대도 당신의 이야기를 귀담아듣고 잘못을 고쳐나갈 겁니다.

사실 우리는 의도적으로 나와 맞는 사람들을 만납니다. 내가 편하고 나에게 좋은 이야기를 하는 사람들을 만나려고 해요. 나와 접점이 있고 취향이 비슷한 사람들을 만나기를 원하죠. 그렇게 자신에게 피드백할 사람들을 하나둘씩 단절해나갑니다. 인간사의 자연스런 부분이지만 앞으로 더 발전하고 변화하고 성장하고 싶다면 나를 불편하게 하는 사람과도 시간을 보내시길 추천합니다.

나를 좋아하는 사람들의 피드백도 중요하지만 나를 싫어하고 불편해하는 사람들의 피드백도 못지않게 중요하니까요. 그 사람들은 나를 다른 각도에서 보여줍니다. 생각지도 못했던 뜻밖의 나를 만나게 해줘요. '안 맞아, 불편해, 싫어!'라고 하면서 밀어내지만 말고 그들도 포용하면서 자신의 세계로 끌어들이세요.

좋아하는 사람만 만나기에도 인생은 짧지만 그래도 그들의 쓴소리가 나에게 약이 됩니다. 너무 깊어지지만 않으면 정신 건강에도 큰 문제가 생기진 않을 테니까요. 용기 내서 피드백을 요청하세요. 스스로를 360도 제대로 조망할 수 있는 능력을 기르세요.

☞ 자신을 망치지 않는 작은 태도 ☞

자신과 직면해라

자신이 어떤 사람인지는 자신이 가장 잘 안다. 모르는 척할 뿐이다. 그러니 '자기다움'을 찾는 강의에 그만 좀 기웃거려라. 말 잔치다. 솔직히 그 말을 하는 사람들 중에도 '자기다움'을 모르는 사람들 천지다. 그들에게 배울 수 있는 건 '자기다움'을 찾는 게 아닌, 찾는 법을 가르치는 것이다. 차라리 아침마다 거울 보는 시간을 늘려라. 머리, 눈썹, 코, 입술만 보지 말고, 마음을 봐라. 내면을 봐라. 잠들기 전에 유튜브 좀 그만 보고 내가 사람들과 소통할 때 쓴 메시지를 다시 봐라. 그게 직면이다.

남을 탓하지 마라

지금 이 순간, 내가 여기 있는 건 나 때문이다. 누구도 당신을 그 자리에 끌어 앉히지 않았다. 출근하기 싫은 회사 책상에 앉혀둔 것도 당신이다. 어떤 목적과 이유이건, 전혀 끌리지 않는 이 책을 여기까지 읽은 것도 당신의 결정이다. 그러니 그 결정에 책임감을 가져라. 다른 사람이 친절하지 않다고, 관대하지 않다고 서운하다고 하지 마라. 통제할 수 없는 타인을 탓하지 말고, 자신의 결정에 집중하라는 말이다. 자기가 찬 공이 잘못 날아갔다고 공을 탓하는 선수는 없다. 문제는 공을 찬 나의 발이다. 경기장, 감독, 공은 아무런 잘못이 없다.

옳다면, 증명하라

모든 인간은 귀하다. 그러니 당신은 항상 옳다. 당신이 정한 당신, 당신이 생각한 미래, 당신이 정한 기준 모두 옳다. 단 타인에게도 옳은 것이 되기 위해선 증명해야 한다. 증명할 수 있는 유일한 방법은 그만 생각하고 당장 행동으로 옮기는 것이다. 나의 옳음을 알아주지 않는다고 이불 속에서 부들부들 떨고 있는가? 그런다고 세상은 바뀌지 않는다. 아무것도 하지 않으면 아무 일도 일어나지 않는 것이 세상이다. 당장 움직여라. 그리고 증명하라. 당신이 옳다는 것을.

두려움을 용기로 바꿀 수 있다면

부록에는 제가 왜 용기에 주목했고, 삶의 결정적 순간에 어떤 용기를 냈는지 정리해봤습니다. 우리의 삶은 다른 듯 닮았잖아요. 여러분의 결정적 순간에 정답이 될 순 없지만, 더 나은 답을 찾는 용기가 됐으면 합니다.

필요한 건 스킬이 아닌 용기

이 표는 많은 분이 알고 있는 아이젠하워 매트릭스를 정리한 것입니다. 제2차 세계대전 기간에 5성 장군을 지냈던 미국의 아이젠하워 대통령은 "저에게는 긴급한 문제와 중요한 문

	긴급도	중요도
A	상	상
B	하	상
C	상	하
D	하	하

제, 두 종류의 문제가 있습니다. 긴급한 것은 중요하지 않고, 중요한 것은 절대 긴급하지 않습니다"라는 연설을 합니다. 그리고 훗날 《성공하는 사람들의 7가지 습관》의 저자인 스티븐 코비(Stephen Covey)가 이 연설에서 아이디어를 얻어 다음과 같은 도식을 만듭니다.

아이젠하워 매트릭스

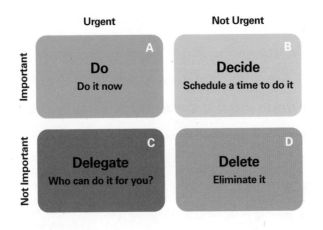

긴급하고 중요한 A 영역은 Do, 긴급하지 않지만 중요한 B 영역은 Decide, 긴급한데 중요하지 않은 C영역은 Delegate, 긴급하지도 않고 중요하지도 않은 D 영역은 Delete. 당장 하고, 결정하고, 위임하고, 삭제할 것들을 나눠서 시간

관리를 해야 한다는 이야기죠.

아이젠하워 매트릭스의 영역은 누구에게나 매 순간 나타납니다. 일과 관계, 모든 삶에 적용될 수 있죠. 다만 개인에 따라 각 영역의 리스트가 달라질 겁니다. 아침에 일찍 일어나는 게 A인 사람도 있고 D인 사람도 있어요. 식사를 하고 바로 양치를 하는 게 A일 수도 C일 수도 있죠. 중요한 건 우리 삶의 순간마다 A, B, C, D가 존재하고 어떻게 나누어 실천하느냐에 따라 성공과 실패, 만족과 불만, 안정과 불안 양극단으로 인생이 달라진다는 겁니다.

아이젠하워 매트릭스 이야기를 꺼내는 이유는 이 모든 영역을 움직이게 하는 한 가지 단어에 대해 말하고 싶어서입니다. A, B, C, D의 영역에 맞는 시간관리를 하기 위해 가장 중요한 게 무엇일까요? 적재적소에 맞게 분류할 수 있도록 중요한 일을 결정하고 중요하지 않은 일을 거부할 때 필요한 건 무엇일까요? 바로 '용기'입니다. 모든 영역의 배경으로 용기가 진하게 깔려 있어야 합니다.

시간관리는 스킬이 아니라 용기입니다. 관계에 있어 가장 필요한 것도 바로 용기이고요. 목표를 세우는 것도, 실행을 하는 것도 용기라는 연료가 있어야 나아갈 수 있습니다. 주행을 하기 위해 주유소에서 연료를 주입하듯, 삶에 계속해서 용기를 공급해야 합니다. 그래야 나아갈 수 있고 다음 주행을 위해 편히 쉴 수 있습니다. 용기가 그저 극적인 어느 순간에 짠 하고 나타나는 필요한 덕목이라고 생각하셨다면 오산입니다. 사실 용기는 삶을 살아가는 순간마다 꺼내 들어야 하는 필수불가결한 연료거든요.

기다림에도 용기가 필요하고, 결단하는 것에도 용기가 필요하고, 문제를 해결하는 것에도 용기가 필요하고, 도저히 용기 낼 수 없는 순간에도 반드시 내야 하는 것이 용기입니다. 세상의 수많은 학자가 이야기한 이론들을 받아들이기 위해서도 용기가 필요하고, 그것을 실천하는 것 또한 용기 있는 행동입니다. 사랑할 용기, 사랑받을 용기, 하물며 미움받는 것도 용기가 필요하지 않습니까?

오랜 시간 경영 컨설턴트이자 HR(인사/교육) 전문가로 일하고 수많은 강의를 하면서 배운 것이 있습니다. "용기는 삶의 모든 챕터에서 가장 중요하다." 돌아보니 제 인생도 용기와 용기의 연결로 이루어졌더군요. 많은 분이 좀 더 다양한 상황에 용기를 꺼내어 들었으면 합니다. 인생을 바꾸고 세상을 바꾸는 건 적절히 사용된 용기이니까요. 훌륭한 사람들 대부분은 용기를 낼 줄 알았지만, 명성이 있다고 전부 용기를 내진 않았습니다.

무엇보다도, '용기는 선한 일에 쓸 때 유용하다'라는 사실을 꼭 알아두시기 바랍니다. 남을 비방할 용기, 타인을 무너뜨릴 용기, 폭력을 행사할 용기는 세상에 없습니다. 성립되지 않는 문장이죠. 우리가 생각해야 할 건 선량한 용기입니다. 나를 바로 세우고 세상에 도움이 될 용기가 필요한 것이죠.

용기를 도전과 혼동해서도 안 됩니다. 용기는 도전할 때뿐 아니라 포기할 때도 쓰이는 것이니까요. 불도저처럼 밀고 나가는 것만이 용기가 아니라 나를 둘러싼 세계의 미세한 변화를 감지하면서 나아가거나 물러나는 것도 용기입니다.

용기에는 크기도 상관없습니다. 예를 들어 눈 뜨자마자 이불을 걷어차고 일어나는 것도 용기가 있어야 됩니다. 저는 이걸 작은 용기라고 부릅니다. 아침부터 잠들 때까지 작은 용기는 계속되죠. 이웃에게 반갑게 인사할 용기, 해야 할 일을 제대로 끝낼 용기, 거짓말하지 않을 용기, 동료에게 친절할 용기 같은 사소하지만 중요한 것들에 자꾸 용기를 내다 보면 굵직한 문제에 용기를 내는 게 어렵지 않습니다.

용기 있게 결정한다는 건 실행이 빨라진다는 이야기이기도 하죠. 작은 것이 모여 크게 되는 예는 얼마든지 있지만 그중에서도 작은 용기는 정말 어마어마한 가능성으로 돌아옵니다. 목표한 것을 실행하는 사람과 그렇지 않은 사람의 차이는 분명하니까요.

긴 사회생활을 하면서 어느새 어른이 되고 보니 어른에게 가장 필요한 건 용기였습니다. 진짜 어른들은 자신의 삶을 주도적으로 살아갑니다. 타인에게 관대하고요. 이런 사람들의 공통점은 용기가 있다는 것입니다. 나의 삶을 내가 뜻한 대로 움직이기 위해 용기를 사용하고, 타인을 칭찬하고 인정하고 사랑하기 위해 용기를 냅니다.

용기가 필요한 시대, 많은 분이 용기 내어 성장하고 성취하고 꿈을 이루고 사랑을 주고받으며 용기 있는 삶을 살아가길 바랍니다.

용기라는 창, 용기라는 방패

저는 2015년 7월 31일 금요일에 직장인의 삶을 포기했습니다. 매우 용기가 필요한 일이었습니다. 연차에 비해 훨씬 많은 성과를 내고 인정받고 있었고, 정해진 다음 스텝은 매우 안정적인 자리였습니다. 그럼에도 회사생활의 막을 내렸죠.

직장인의 삶을 포기하기 전, 저는 세 가지를 경험했습니다. 하나는 인사담당자였고, 하나는 컨설턴트였고, 하나는 교수자였습니다. 기업에 있을 때도 주로 인하우스 컨설턴트의 역할을 수행했습니다. 운이 좋았습니다. 글로벌 컨설팅 펌과 굵직한 프로젝트들을 하며 하나씩 경험을 쌓아나갔습니다. 처음엔 일도 재미있고 의지도 넘쳐나서 낮인지 밤인지 가릴 새 없이 오직 일, 일, 일에 매달렸습니다. 그래도 힘든 줄 몰랐죠. 우리가 제안하는 대로 시스템이 잡혀 나가고, 조직이 자신들만의 색깔로 안정을 찾는 걸 보는 기쁨이 컸습니다.

하나둘 불편한 점이 생긴 건 시간이 조금 흐른 뒤였습니다. 사원에서 대리로 넘어가는 시기에 업무에 변동이 생겼고 인사기획팀의 평가보상제도 설계에 참여했습니다. 선진화된 평가와 보상이 기본이 되는 신인사제도 프로젝트라는 게 유행처럼 번졌던 시기였습니다. 어느 회사든 기존의 것과 다른 '신'인사제도를 도입했죠. 평가보상제도는 바로 그 신인사제도의 일환이었고요.

새로운 업무를 맡은 후 저는 평가의 잣대를 매우 정교하게 만들었죠. 경영진도 흡족해했고 선배들에게도 칭찬을 많이 받았습니다. 문제는 내 안에서 생기는 마찰이었습니다. 당시 평가라는 것은 제도와 다르게 마지막 순간 어쩔 수 없는 '줄 세우기'로 귀결되었습니다. 평가의 잣대를 만드는 건 얼마든지 할 수 있었으나 사람의 등급을 매긴 문서를 바라보는 건 쉽지 않았습니다. 인간은 평등하고 누구나 무한한 가능성을 갖고 있다고 믿는 저의 철학과 사람 이름 옆에 붙은 S부터 D까지의 등급이 매일 부딪혀 싸웠어요.

핵심인재는 과연 무엇일까? 아니, 애초에 인재란 무엇인가? 머리 좋은 사람? 일의 속도가 빠른 사람? 제일 먼저 출근하는 사람? 가장 늦게까지 회사에 남아 있는 사람? 상사와 친한 사람? 구성원과 돈독한 사람? 우리는 모두 고유한 개인인데 자기만의 특성이 배제된 채 내가 만들어놓은 그럴듯한 잣대에 의해 일괄적으로 나뉘고, 그것이 그들의 일과 삶에 영향을 미치는 걸 보는 게 힘들었습니다. 만드는 일과 운영하는 일은 전혀 달랐습니다. 평가 항목을 세부적으로 잘 만들어낸 저는 막상 그 항목을 실제로 적용시키며 커다란 딜레마에 빠지게 됩니다.

어느 날 연구소에 한 무리가 저를 찾아왔습니다. 후배 기수 입사 동기들이 함께 모여서요. 그들은 자신의 성과를 정리한 문서를 보여주면서 어떤 기준으로 등급을 매긴 것인지 설명을 요구했습니다. 다소 격앙된 표정으로 묻는 그들에게 저는 원론적 평가 원칙만 되풀이하여 설명할 수밖에 없었습니다.

원하는 답을 주진 못했지만 그들의 마음은 십분 이해할

수 있었습니다. 자신에게 주어진 일을 대충 쉽게 하려는 사람은 흔치 않습니다. 처음이라 조금 서툴고 작은 실수가 있을 뿐, 아마도 모두 최선을 다했겠지요. 어떤 해결책도 주지 못한 채 그들을 달래 돌려보낸 뒤 제가 하는 일이 두려워지기 시작했습니다.

물론 제가 설계한 평가기준이 터무니없이 냉정한 것은 아니었습니다. 평가라고 하니 일을 못하는 사람을 걸러내는 시스템이라고 오해할 수 있지만 사실 평가는 좋은 사람을 발견하기 위한 장치이니까요. 평가제도는 회사 내 좋은 사람을 발굴하고 그들에게 어떤 보상을 연계할 것인지를 고민하는 제도입니다. 문제는 좋은 사람에 대한 기준은 그렇지 못한 사람에 대한 잣대이기도 하다는 것이었습니다. 좋은 사람을 찾는 설계는 저에게 잘 맞았지만 모두 다 좋은 사람으로 선택할 수 없다는 게 함정이었던 것이죠.

일이 힘든 것이 아니라 그 결과로 인한 사람과의 관계가 무척 힘들었습니다. 그래도 용기를 내 주어진 일을 열심히 했습니다. 여느 K-직장인처럼요. 그렇게 3년 정도 제 안의 신념과 일에 대한 책임이 부딪히는 걸 용기로 극복하며 지내다 보니 마음이 더는 견딜 수 없게 마모되었다는 걸 깨닫게 됐습니다. 이대로 두었다간 저라는 사람 자체가 무너질 수도 있겠더군요.

저는 계속해서 일하는 용기가 아니라 과감히 일을 전환하는 용기를 내보기로 했습니다. 안정적이었던 회사를 떠나 생소한 컨설팅 업계로 옮겼습니다. 어쩌면 도망쳤을 수도 있습니다. 리더십/조직문화 컨설팅팀에 소속되어 다양한 프로젝트를 수행했습니다. 어려운 순간들도 있었지만 많이 성장하고 많이 인정받았습니다. 늘 그랬듯이 금방 핵심인재가 되었습니다. 자랑이 아니고 팩트입니다. 항상 그랬거든요. 정말 많은 일을 했고, 또 해냈습니다. 늘 새로운 일들에 도전했고, 그 도전들이 좋았습니다. 나를 갈아 넣었지만 힘듦을 느끼지 못했던 시절입니다. 행복하지 않은 순간들이 없었으니까요. 그렇게 3년이 지나가던 시점 어느 날 생각했습니다. '이대로 좋은가?'

또 한 번 용기 내서 새로운 일을 하기로 했습니다. 컨설턴트에서 교수자로의 역할 전환이었습니다. 강의를 업으로 하겠다고 했을 때 회사의 동료와 상사들은 대부분 반대했습니다. 한 분야에서 잘 성장하고 있는데 다른 일을 하겠다는 걸 이해하지 못했습니다.

강의라는 업에 대해 부연설명을 하자면, 당시만 해도 50대쯤 되어야 강의를 할 수 있다고 여겼습니다. 교수자로의 전환은 본부장 이상의 타이틀을 가진 사람들에게 해당되는 것이었죠. 당시 저는 서른일곱이었습니다(참 좋은 나이죠. 시간이 지나면 지금이 좋은 나이라고 생각할 것입니다). 회사에서는 업무 전환의 문제가 아니라 기존에 없는 케이스라 곤란하다는 입장이었습니다.

저는 용기를 내 회사에 말했습니다. 다시 돌아갈 수는 없었습니다. 요구 사항이 거절되면 다른 길을 찾더라도 일단 강력하게 저의 의견을 말해보기로 했습니다.

"허들을 만들어주세요. 제가 넘으면 허락해주시고, 못 넘으면 저도 마음을 접겠습니다."

간곡하고 단호한 요청에 회사에서 시범 강의 스케줄을 잡아줬습니다. 잘 해내면 기회가 주어지는 것이었죠. 정말 열심히 준비했습니다. 누가 시켜서가 아니고, 때가 되어서도 아니었고, 간절히 원하는 것이었으니까요. 강의 주제를 잡을 때도 오래 고민했습니다. 이왕이면 임팩트 있는 강력한 주제여야 했죠. 닥치는 대로 읽고 보고 메모했습니다.

언제나 그렇듯 영감은 뜻밖의 곳에서 찾아왔습니다. 강의 준비를 하느라 녹초가 돼 집에 들어갔는데 아내가 드라마를 보고 있었어요. 조선 세종시대 훈민정음 반포 전 7일간 경복궁에서 벌어지는 집현전 학사 연쇄살인 사건을 다룬 〈뿌리 깊은 나무〉였습니다. 주인공 한석규 배우의 연기에 감탄해서 한참을 보는데 세종대왕의 리더십이 어디서 많이 본 듯한 아주 익숙한 느낌이 들더군요.

세종의 리더십은 피터 드러커의 경영에 대한 관점과 너무도 닮아 있었던 것입니다. 드러커는 '1) 경영은 인간에 관한 것이다. 2) 리더일수록 정직해야 한다. 3) 배움을 평생의 습관으로 삼아라'고 말했습니다. 누가 떠오르나요. 저는 바로 세종 이도가 떠올랐습니다. 만약 드러커가 세종을 알았다면 드러커는 분명 말했을 것입니다. "세종은 내가 말했던 경영의 철학을 이미 600년 전 ㈜조선에서 구현했다. 나는 〈세종은 옳았다〉라는 책을 쓸 것이다"라고 말이죠.

드라마에서 아이디어를 얻은 저는 〈피터 드러커는 세종을 알았을까?〉라는 주제로 강의안을 짜기 시작했습니다. 적절한 이미지를 넣고 도해를 만들어 PPT를 완성했습니다. 드디어 시범 강의 날이 왔습니다. 강의실 맨 앞줄에는 회사 선배들이 주르륵 앉아 지켜보고 있었습니다. 단언컨데 세상에서 가장 어려운 일 중 하나는 아는 사람들 앞에서 강의하는 것입니다. 특히 그 사람들도 전문가일 때가 가장 어렵습니다.

용기가 필요한 순간이지요. 용기가 필요한 순간은 더 긴장되는 순간이기도 합니다. 많이 긴장이 되더군요. 시간이 어떻게 흘렀는지 기억도 나지 않지만 다행스럽게 무사히 마쳤습니다. 그리고 질의응답이 이어졌습니다. 기억에 남는 질문이 있습니다.

"잘 들었습니다. 멋진 강의인데, 이 슬라이드 가지고 다른 회사 가셔도 됐을 텐데 그런 생각 안 해봤어요?"

"솔직하게 말씀드려서 다른 회사로 갈 생각이 없진 않았습니다. 하지만 이렇게 기회를 주셔서 가지 않고 남았습니다."

"성공적으로 시범 강의를 마쳤는데, 앞으로 어떻게 하실 생각인가요? 여전히 이직에 대한 생각이 남아 있습니까?"

"아뇨. 없습니다. 지난 3년 6개월 동안 회사가 저에게 많은 기회를 주었습니다. 이 회사에 있어서 기회가 왔고, 만약 제가 아닌 다른 사람이 했더라도 잘 해냈을 겁니다. 교수자로 역할을 전환해서 보답하는 시간을 가지고 싶습니다. 제가 받은 것이 많았던 3년 6개월, 그리고 3년 6개월은 돌려주고 그때 떠나고 싶습니다".

나를 직시하는 용기

진심이었습니다. 회사가 있어 인정받고 성장했다는 걸 잘 알고 있었죠. 교수자로 전환할 용기를 낼 수 있었던 건 회사에서 일하며 얻은 좋은 기회들 덕분이었습니다. 미국에서 주최하는 HR 컨퍼런스에 회사가 발표할 기회를 얻었을 때

제가 참여한 프로젝트가 사례로 소개되었습니다. 한국 컨설팅 펌이 세계적인 컨퍼런스에서 발표하는 건 엄청난 일이었는데 그 발표에 제 프로젝트가 쓰인 것이죠.

제 프로필에는 화려한 경력이 쌓여갔습니다. 덕분에 경력이나 나이와 무관하게 대외적으로 인정받을 수 있었습니다. 이후로 까다롭고 어려운 프로젝트들이 맡겨졌는데 따지고 보면 그건 무척 좋은 기회이기도 했습니다. 부담도 컸지만 감사했죠. 그때 제가 가장 많이 냈던 용기는 나를 제대로 보는 용기였습니다. 내가 잘나서가 아니라 좋은 환경이 뒷받침되어준 것, 나의 수고가 작은 행운을 만나 큰 기회로 돌아왔다는 걸 인정하는 것이 아주 중요한 일이라고 생각했습니다.

스스로를 똑바로 바라보는 용기를 내는 건 의식하고 허리를 꼿꼿하게 펴는 일과 같습니다. 올바른 자세를 하려고 마음먹고 허리를 꼿꼿이 세워도 잠깐 신경 쓰지 않으면 어느새 배에 힘이 빠지면서 구부정한 자세로 돌아가거든요. 허리를 편다는 건 코어에 힘을 들여야 가능한 일입니다. 코어힘을 기르지 않으면 편안한 자세만 찾게 되고, 그러다 보면 체형이 망가지고 균형이 무너지죠. 만약 나를 제대로 볼 용기를 내지 않고 칭찬과 성과에 도취되어 있었다면 얼마 못가 새로운 루키에게 자리를 내줬을지도 모릅니다.

우여곡절 끝에 저는 업무전환에 성공해 교수로 시작했습니다. 그리고 목표를 하나 세웠습니다. 3년 이내에 TV에 출연하는 명강연자가 되는 것이었습니다. 지금까지 해온 것처럼 용기를 내 실행하고 노력하면 어렵지 않을 것 같았습니다. 자신감과 포부에 차 새로운 일을 시작했죠.

스스로에게 질문할 용기

재능을 제일 잘 알아보는 사람은 누구일까요? 스승? 부모? 동료? 아닙니다. 바로 자기 자신입니다.

높은 허들을 뛰어넘어 없던 케이스를 만들어가며 시작한 강사 일에 재능이 없다는 걸 아는 데 오래 걸리지 않았습니다. 오해하실까 봐 노파심에 말씀드리면 정확하게 말해 전 국민에게 이름을 알린 '명강연자'들처럼 되는 재능입니다. 저에겐 그 정도의 흡입력과 쇼맨십이 없었습니다. 그분들은 유전자에 새겨진 탤런트가 있는 사람들이었습니다.

뛰어난 교수자, 퍼실리테이터로 인정을 받고 많은 곳에서 의뢰를 받았지만 목표한 것에 닿지 못한다는 생각에 마음이 늘 허전했습니다. 아이러니하게 인정받는 순간부터 흔들리기 시작한 것이죠. 하고 싶은 일을 하면 할수록 깃발을 잃어버린 장수처럼 마음은 갈 곳을 잃고 헤매기 시작했습니다.

내가 왜 여기에 있을까? 나는 무엇 때문에 이 일을 하고 있을까? 평균 이상의 성과는 하나도 중요하지 않았습니다. 전 국민이 알아보는 명강연자는 되지 못하더라도 업계에서 인정받는 강사가 돼서 편안한 삶을 살 수 있었고, 다시 인사 기획자로 컨설턴트로 커리어를 쌓아나갈 수 있었습니다. 제게 여전히 길은 열려 있었지만 무언가 자꾸 나를 건드렸습니다. 이렇게 살아도 괜찮겠느냐면서 대답을 요구했죠.

저는 진짜로 원하는 것이 무엇인지 알기 위해 스스로에게 질문을 던졌습니다. 당시에 이렇게 메모를 했었죠.

첫째, 플레이어(구성원)의 삶과 리더(경영인)의 삶 중 나에게 맞는 것은 무엇인가?
· 플레이어의 삶: 내 시간을 팔아서 돈을 버는 삶
· 리더의 삶: 타인의 시간을 돈을 지급해서 돈을 버는 사람

둘째, 만약 플레이어의 삶을 선택한다면 나는 대체 불가능한 사람인가? 리더의 삶을 선택한다면 나와 연결되는 사람들의 삶에 긍정적 영향을 줄 준비가 되어 있는가?

이 두 질문에 답하기 위해 '나는 누구인가?' '나는 어떻게

정의되어야 하는가?' '나는 무엇을 원하는가?' '나는 무엇을 중요하게 생각하는가?' '무엇을 잘하는가?' '어떤 사람으로 기억되고 싶은가?'와 같은 여러 질문에 대한 답이 선행되어야 했습니다.

학교에서도 배운 적 없는 것들이었지만 삶에 아주 근본적이고 중요한 문제들이었습니다. 오랜 고민 끝에 저에게 맞는 답을 내릴 수 있었습니다. 질문과 마주할 용기가 있었기에 가능했던 것이죠. 그 일을 겪으면서 질문과 직면하는 용기가 얼마나 중요한지 깨달았습니다.

지금 잡고 있는 것에 대한 미련이 남아 있어서 용기를 내는 것이 쉽지 않았습니다. 안정기로 접어들었다 하면 또 다른 곳으로 옮겼는데, 그때마다 나를 잡은 건 미래에 대한 불안보다 안정에 대한 미련이었습니다. 포기하거나 내려놓는 지금 당장은 손실이 더 커 보이지만 실제는 그렇지 않습니다. 제가 해보니 더 새로운 것, 더 다양한 사람을 만나게 하는 계기가 되었거든요.

용기는 무언가 새롭게 시도하고 도전할 때 필요한 것이기도 하지만, 무언가를 멈출 때, 무언가를 내려놓아야 할 때 더 필요한 것 같다는 생각을 많이 합니다. 지금 잡고 있는 것을 놓을 수 있는가? 이때 과감한 행동을 위해서 무모한 용기가 필요할 때가 있기 때문이죠.

말씀드렸듯 저는 그렇게 2015년 7월 31일 금요일 직장인의 삶을 포기했습니다.

실패를 인정하는 용기

이제 그 이후의 이야기를 해볼까 합니다. 회사를 나올 때 저는 나름 기막힌 아이디어가 하나 있었습니다. 사실 하나만이었겠습니까? 아이디어는 넘쳤습니다. 그중에서 집중해야 할 하나의 아이디어가 있었던 것이지요. 획기적이라고 생각했던 당시의 아이디어는 이런 것이었습니다.

경력단절 여성과 50, 60대 은퇴한 남성들의 일자리를 창출하는 일이었습니다. 이왕 새로운 일을 시작하는 거 사회에 의미 있는 일을 하고 싶었거든요. 지금은 종이 신문을 거의 보지 않지만 그때만 해도 종이 신문이 유의미하던 시절이었습니다. 매일 50, 60대 은퇴 남성분들이 시사 중심의 신문 기사를 요약 정리하면 경력 단절 여성들이 아이들이 학교에 간 시간을 이용해 녹음하는 겁니다. 그 요약 서비스를 상식이 필요한 사람들이 있는 대학의 취업지원센터에 유상으로 제공하는 것이죠. 전국에 대학이 얼마나 많습니까? 간절하게 일을 기다리는 경력단절 여성과 은퇴 남성들은 또 얼마나 많고요. 저는 이 아이디어를 가지고 의기양양

하게 회사를 나온 것입니다.

뉘앙스에서도 아실 것이고, 그런 서비스를 들어본 적이 없으니 더 잘 아시겠지만 그 아이디어는 실패로 끝났습니다. 그 실패의 경험으로 제가 얻은 것은 '아이디어는 아무것도 아니다'라는 겁니다. 기획자도 개발자도 없이 오직 아이디어만 있는 사업은 조금 거칠게 표현해 쓰레기와 다르지 않았습니다.

기회는 큰 실패 뒤에 찾아왔습니다. 저는 일단 실패를 인정했습니다. 물론 그 과정에 용기가 필요했습니다. 인정을 하고 나니 나에게 남은 것을 돌아보게 됐습니다. 저는 행동이 없는 생각, 전략, 목표는 무가치하다는 걸 뼈저리게 깨닫고 《가짜 회의 당장 버려라》는 제목의 책을 썼습니다. 내용을 보고 기업에서 연락이 오기 시작했죠. 그렇게 지금의 플랜비디자인이 시작됐습니다.

플랜비디자인이라는 이름에 대해 이야기하기 위해서는 다시 처음으로 돌아가야 합니다. 아이젠하워 매트릭스로 말이죠. A 긴급도 상/중요도 상, B 긴급도 하/중요도 상, C 긴급도 상/중요도 하, D 긴급도 하/중요도 하. 이 중에서 제가 삶에 제일 염두에 두는 영역은 B입니다. 긴급하진 않지만 중요한 것들이죠. 이를테면 나를 알아가는 것, 세상을 바꾸는 의미 있는 일 같은 것들이죠. 급하진 않습니다. 하지만 중요해요. 직장생활을 하다 보면 긴급한 일들에 밀려 B 영역은 늘 뒷전입니다. B는 생각을 많이 해야 결론을 내릴 수 있기 때문입니다. 꼭 직장생활이 아니라도 학창 시절 내내 우리에게 B에 대해 생각할 시간이 있었던가요? 세상은 항상 A와 C를 처리하길 요구합니다. 마치 그것이 인생의 모든 것인 양 그래요. 하지만 그건 눈속임입니다. 나를 제대로 아는 것만큼 더 나은 세상을 만드는 것만큼 중요한 게 뭐가 있겠어요.

그래서 플랜비디자인입니다. 차선책의 의미가 아니라, B에 대한 계획을 세워야 한다는 의미에서 플랜비디자인이죠. 플랜비디자인이라는 이름을 짓고 남들이 보기엔 급하지 않지만 그러니까 당장의 돈이 되는 건 아니지만 가치를 추구하는 일을 하나둘 시작했습니다.

출판사도 함께 시작했습니다. 제 책을 내면서 경험했던 출판업은 뭐랄까요, 고집스러워 보였습니다. 모든 산업이 선진화되고 있는데 출판업만 자기 자리를 지키고 있는 것 같았거든요. 기업 컨설팅을 하면서 쌓았던 노하우를 출판에 풀어보고 싶었습니다. 또 컨설팅을 하면서 더욱 확신하게 된 건 여전히 정보의 중심에 활자가 있다는 것이었죠. 성공하는 사람 대부분은 쓸 줄 아는 사람들이었고요. 아무리 영상시대라고 해도 컨설팅의 기본은 텍스트였죠.

플랜비디자인은 '개인과 조직이 더 중요한 일을 발견할 수 있도록 돕기 위해 존재'하는 것을 미션으로 삼았습니다. 누군가의 B 영역을 찾아주고 함께 고민해주는 그런 존재가 되겠다는 것입니다. 그리고 저와 철학이 맞고 같은 방향을 바라볼 수 있는 구성원들을 채워나갔죠. 현재 20명 남짓이 함께하고 있고, 여러 시도 끝에 지금 우리는 100퍼센트 재택근무를 하고 있습니다. 회의를 하고 클라이언트를 만나는 사무실은 없지 않지만 회사에 나오는 건 전적으로 자유입니다. 나와서 일하고 싶은 분들은 나오고, 집에서 할 사람들은 집에서 합니다. 꼭 집이 아니라 어디라도 상관없습니다. 자신의 일을 해내고, 한 것에 대해 결과로 증명하면 됩니다.

사람들이 묻습니다. 구성원들이 눈에 보이지 않으면 불안하지 않느냐고요. 저는 함께 일하는 구성원들에게 믿음을 갖는 것도 용기라고 생각합니다. 인간은 믿음을 주면 믿음으로 반응합니다. 저는 믿습니다. 믿음은 배신하지 않는다고.

가장 중요하게 생각하는 것은 '회사는 내 것이 아니다'입니다. 이 또한 용기가 필요한 항목인데요. 회사를 경영하는 분들이 구성원들과 겪은 많은 트러블의 기저에는 회사가 개인 소유라고 생각하는 마음이 깔려 있습니다. 회사가 내 것이라고 생각하는 순간, 더 좋은 환경을 만들고 더 좋은 걸 향해 가기보다 나에게 맞게 설계됩니다. 나는 나 자체로 긍정해야 하지만 내 생각이 모두 옳을 순 없고 나의 방식이 누구에게나 잘 맞는 건 아닌데도 말이죠. 그렇게 어느 한 사람에게 맞춰지면 나머지 사람들이 일을 할 때 어려움을 겪습니다.

예를 들어 대표가 아침형 인간이라고 생각해볼게요. 경영자는 아침 7시에 일을 시작해야 일하는 것같이 느껴지는 사람입니다. 그런데 구성원들에겐 개인의 특징과 다양한 사정이 있습니다. 아이를 키우고 있어서 오전이 바쁘거나, 교통 체증으로 아침 시간에 출근하는 게 지옥 같을 수 있습니다. 대표가 일찍 나오라고 하니 자신의 상황을 무시하고 일찍 나오는데 하루 종일 일이 잘될 리 없습니다. 출근을 하면서 이미 많은 에너지를 소진해버렸거든요. 또 누군가는 오후에 에너지가 올라오는가 하면 누구는 캄캄한 밤이 되어야 아이디어가 샘솟기도 합니다.

수많은 프로젝트를 하면서 많은 구성원을 만났습니다. 그들과 관계를 맺으면서 느낀 건 인간은 기본적으로 선하다는 것입니다. 호수를 산책하는데 누군가 빠졌다고 칩시다. 사이코패스가 아닌 이상 누구라도 도움을 주려고 할 겁니다. 어떤 식으로든 그 사람을 살리기 위해 애쓰겠죠. 사람이 빠진 걸 보고 그냥 지나치는 사람은 없을 겁니다. 어떤 사람은 달려가진 못해도 119에 신고를 해 도움을 청할 수도 있습니다. 행동하지 않았다고 해서 그 사람의 선함을 의심해서는 안 되는 것이죠. 분명 그 사람도 물에 빠진 사람을 구하고 싶은 마음이 있었던 것이니까요.

리더들에게 자주 얘기하는데요. 인간은 기본적으로 선합니다. 조직 내에서 누구도 자신의 조직이 잘못되길 바라지 않습니다. 상사한테 욕을 먹고 순간 욱해서 화를 낼 순 있지만 결국 모든 의도는 잘되기 위한 방향에 초점이 맞춰져 있습니다. 출근하면서 누군가의 코를 납작하게 하기 위한 다짐을 하는 사람도 없을 겁니다. 팀장에게 골탕을 먹일 계획을 세우는 사람도 없고요. 그 반대도 마찬가지겠죠. 인간은 상대의 반응에 반응합니다. 그러니까 내가 믿어주면 상대도 나를 믿고 그에 맞는 행동을 합니다. 인간은 한없이 약한 존재지만 또 더없이 강해질 수 있습니다. 저는 플랜비디자인을 통해 그런 것들을 증명하고 싶습니다. 그래서 궁극에는 내 삶이 참 가치 있었다고 말하고 싶습니다.

재택근무를 하는 것도, 구성원들을 교육하며 날개를 펼 때까지 기다리는 것도 다 용기를 내었기 때문에 가능한 일입니다. 자꾸 용기 내세요. 용기를 낼수록 인생은 그만큼 더 가치 있어집니다.

저의 회사의 구성원이 되면 공통적으로 받는 다섯 가지 질문이 있습니다.

1) 당신은 어떤 신념과 원칙을 갖고 있습니까?
2) 당신은 어떤 일을 하고 있습니까?
3) 당신은 무엇을 중요하게 생각합니까?
4) 당신은 어떤 사람으로 기억되고 싶습니까?
5) 그래서 앞으로 무엇을 하고 싶습니까?

구성원들이 기록한 정직하고 성실한 답변을 홈페이지에 올려놓습니다. 저는 그 페이지를 자주 열어 읽습니다. 그들이 어떤 철학을 가지고 얼마나 가치 있는 사람이 되고자 하는지 상세하게 적혀 있거든요. 그들과 함께 일하면서 그 깨끗한 다짐들이 용기를 공급받아 하나둘씩 이루어지는 걸 봅니다.

여러분에게도 용기를 권합니다. 좀 더 나은 사람이 되기 위해, 더없이 강한 사람이 되기 위해, 발전하는 조직이 되기 위해 수시로 꺼내 들어야 하는 건 바로 용기입니다.